体验式综合能力拓展游戏

孔令鲁 李海霞 ◎ 著

人民体育出版社

图书在版编目(CIP)数据

体验式综合能力拓展游戏 / 孔令鲁，李海霞著. --北京：人民体育出版社，2024
ISBN 978-7-5009-6468-1

Ⅰ.①体… Ⅱ.①孔… ②李… Ⅲ.①游戏课－教学研究－学前教育 Ⅳ.①G613.7

中国国家版本馆 CIP 数据核字(2024)第 110512 号

*

人 民 体 育 出 版 社 出 版 发 行
北京明达祥瑞文化传媒有限责任公司印刷
新 华 书 店 经 销

*

710×1000　16 开本　13 印张　235 千字
2024 年 11 月第 1 版　2024 年 11 月第 1 次印刷

*

ISBN 978-7-5009-6468-1
定价：65.00 元

社址：北京市东城区体育馆路 8 号（天坛公园东门）
电话：67151482（发行部）　　邮编：100061
传真：67151483　　　　　　　邮购：67118491
网址：www.psphpress.com

（购买本社图书，如遇有缺损页可与邮购部联系）

前　言

本书是一本富有启发性、娱乐性和教育性的游戏创编类著作，主要内容包括游戏与体验式综合能力拓展游戏、多元智能训练环境与体验式综合能力拓展游戏主题、体验式综合能力拓展游戏主题案例和体验式综合能力拓展游戏创新素材（身体运动活动、机械和建构活动、语言活动、逻辑-数学活动、科学活动、社会理解活动、视觉艺术活动、音乐活动）。本书首先介绍体验式综合能力拓展游戏的起源与发展、功能和目的，在解读多元智能理论的基础上，探讨体验式综合能力拓展游戏中的多元智能训练环境，并通过详细的案例分析和实用的游戏元素整合建议，帮助读者更好地理解该类型游戏的本质和魅力。

体验式综合能力拓展游戏打破了传统单一游戏领域的局限，通过拆解和再度整合各类游戏资源，赋予每个元素新的意义和价值。这些元素并非孤立存在，而是相互关联、相互影响的，共同构成一个复杂的游戏环境。在游戏创建的困境中，游戏者能够全方位、多角度地感受和体验不同智能的作用与价值。作者基于多元智能的理念，自主创编了内容丰富且形式新颖的游戏主题方案，向读者展示出游戏设计的新模式，为健身娱乐活动的创新发展开辟了全新路径。

无论是健身娱乐领域从业者还是基础教育工作者，都能从本书中获得有价值的创意和灵感，把握新兴游戏的发展动向，对游戏开发和设计产生兴趣，并能发掘和整合传统健身娱乐领域中的各种优质资源，合理配置游戏元素，针对不同年龄段的人群构建相应的多领域学习区。

体验式综合能力拓展游戏为我们提供了一个打造拓展活动的全新模式，它将为幼儿体育、学校体育、终身体育和大众健身娱乐等领域开启新时期发展和变革的序章，给相关健身娱乐产业提供新的发展思路。

在撰写本书的过程中，作者参考了大量的资料，在此向相关作者表示感谢。

因作者水平有限，书中难免存在不足之处，敬请广大读者批评、指正。

目 录

第一章 游戏与体验式综合能力拓展游戏 ……………………………………… 1

第一节 游戏概述 …………………………………………………………… 1
一、游戏的起源 ………………………………………………………… 1
二、游戏的定义和核心要素 …………………………………………… 2
三、游戏的作用 ………………………………………………………… 5

第二节 体验式综合能力拓展游戏概述 …………………………………… 7
一、体验式综合能力拓展游戏的产生与发展 ………………………… 7
二、体验式综合能力拓展游戏的概念 ………………………………… 10
三、体验式综合能力拓展游戏的功能 ………………………………… 12
四、体验式综合能力拓展游戏的目的 ………………………………… 17

第三节 体验式综合能力拓展游戏与多元智能 …………………………… 18
一、多元智能理论 ……………………………………………………… 18
二、体验式综合能力拓展游戏中的多元智能 ………………………… 22

第二章 多元智能训练环境与体验式综合能力拓展游戏主题 ……………… 26

第一节 多元智能训练环境 ………………………………………………… 26
一、多元智能训练环境概述 …………………………………………… 26
二、多元智能训练环境的构成要素 …………………………………… 27
三、多元智能训练环境的构建 ………………………………………… 29

第二节 体验式综合能力拓展游戏主题 …………………………………… 31
一、体验式综合能力拓展游戏主题的含义 …………………………… 31
二、体验式综合能力拓展游戏主题的分类 …………………………… 32
三、体验式综合能力拓展游戏主题的设计原则 ……………………… 34
四、体验式综合能力拓展游戏主题的设计步骤 ……………………… 35

第三章　体验式综合能力拓展游戏主题案例……46

第一节　案例1：峡谷逃生……46
一、案例1的主题设计方案……46
二、案例1各区域游戏解析……48

第二节　案例2：携手并进……56
一、案例2的主题设计方案……56
二、案例2各区域游戏解析……58

第四章　体验式综合能力拓展游戏创新素材……62

第一节　身体运动活动领域游戏创新素材……62
一、身体运动活动概述……62
二、身体运动活动领域游戏的素材与创编……65

第二节　机械和建构活动领域游戏创新素材……116
一、机械和建构活动概述……116
二、机械和建构活动领域游戏的素材与创编……117

第三节　语言活动领域游戏创新素材……129
一、语言活动概述……129
二、语言活动领域游戏的素材与创编……130

第四节　逻辑-数学活动领域游戏创新素材……142
一、逻辑-数学活动概述……142
二、逻辑-数学活动领域游戏的素材与创编……143

第五节　科学活动领域游戏创新素材……155
一、科学活动概述……155
二、科学活动领域游戏的素材与创编……157

第六节　社会理解活动领域游戏创新素材……165
一、社会理解活动概述……165
二、社会理解活动领域游戏的素材与创编……167

第七节　视觉艺术活动领域游戏创新素材……175
一、视觉艺术活动概述……175
二、视觉艺术活动领域游戏的素材与创编……176

第八节　音乐活动领域游戏创新素材 …………………………………… 189
　　　一、音乐活动概述 ……………………………………………………… 189
　　　二、音乐活动领域游戏的素材与创编 ………………………………… 190

参考文献 ……………………………………………………………………… 197

第一章 游戏与体验式综合能力拓展游戏

> **章节导语**
>
> 本章将介绍游戏的起源、定义、核心要素和作用，对体验式综合能力拓展游戏的产生与发展进行分析，提出体验式综合能力拓展游戏的概念，并对该类型游戏的功能和目的进行解读。本章还将介绍多元智能理论及其 8 种智能，在总结多元智能理论现状的基础上，探讨体验式综合能力拓展游戏中的多元智能，让读者对体验式综合能力拓展游戏有一个较为全面的认识。

第一节 游戏概述

一、游戏的起源

游戏是人类的一种文化娱乐活动，也是社会生活现象的反映。游戏的历史悠久，它随着社会生活和生产力、生产方式的发展而发展。

游戏是人类社会中存在的一种特殊形式的活动，它早在人类的原始时代就已出现。在原始社会，人们为了谋生、抵御野兽的侵袭和获取食物，逐渐形成了相互交往、相互帮助的关系，继而产生了与劳动相联系的游戏，如狩猎、捕鱼、采集果实等。由此可见，劳动既是人类最基本的实践活动，也是游戏产生的来源。

从人们的生活过程来看，游戏与劳动有着密切的关系。因为人生下来对劳动一无所知，也没有劳动的技能和习惯，所以父母和教师经常通过游戏的形式教育与培养儿童的劳动技能及习惯。例如，儿童从未参加过捕鱼劳动，教师可以采用"捕鱼"游戏来丰富他们的劳动知识；儿童不会收拾房间，家长可以先陪他们玩卡片分类、拼图和积木等游戏，在动手实践的过程中让儿童对物品的分门别类有个大致的了解。

虽然游戏与劳动有着密切的关系，但两者还是有一些差别的。劳动是人类最基本的活动，是人类改造自然的一种手段，人类通过劳动有目的地改造大自然并直接创造物质和文化财富。游戏本身并不能直接创造任何财富，它是一种非生产性的、以改造人类自身为目的的活动。人们通过游戏可以增强体质，培养劳动技能和劳动习惯。因此两者之间是不能相互代替的。

游戏的产生与发展除与劳动有关外，还与语言有着密切的关系。语言能帮助人们学习游戏规则，使人们把抽象的思维加以综合形成具体的形象，并可以创造性地充实和改造游戏。人们在游戏中为了达到共同目的、做到协同行动和团队配合，就需要进行相互交往，彼此讲述游戏的方法、战术及经验，这些都需要通过语言来表达。这就充分说明语言可以丰富游戏的内容并能创造和发展游戏的活动形式，对游戏的更新迭代起到一定的推动作用。

随着人类社会的发展和文明的进步，游戏逐渐成为一种体育手段，不但可以增进人的身心健康，而且在推动素质教育发展方面起到了积极作用，它是大众文化娱乐方式之一。此外，游戏还能够通过一定的形式反映出各历史时期人类社会劳动、军事、文化和生活等方面的特征。

从人的能力发展角度来看，游戏有侧重发展智力的，也有侧重发展体力的，前者被称为智力游戏，它包括文字游戏、图画游戏、数字游戏、棋牌类游戏等，大多属于文化娱乐活动；后者是体育活动的一个组成部分，并有活动类游戏、竞赛类游戏和拓展类游戏之分。

游戏可以说是竞技运动和体育教育的最初来源，它能够改善和提高人的各种活动技能，如走、跑、跳、投等，包括日常生活中所必需的生活技能。与此同时，游戏又具有较强的趣味性和竞争性，这两种特性成为人们参与游戏活动的动力，使游戏长期以来得到了广泛的普及，并随着社会进步不断更新换代。

二、游戏的定义和核心要素

有关游戏的定义，虽然各种文献资料里有不同的描述，但是直至今日给人留下深刻印象且最具说服力的定义是："玩游戏，就是自愿尝试克服各种不必要的困难。"给出这个定义的人是哲学家伯纳德·苏茨（Bernard Suits），他给的这个定义十分恰当地解释了游戏在人类社会生活中的"补丁"作用。游戏不仅给人类带来了无限的乐趣，还给予人们做事的动力和各种奖励，最重要的是游戏对人们身处的现实世界进行了一定程度的"修补"。因为在现实世界中,有太多的事情是人们不能直接参与和完成的,而在游戏构建的环境里,人们可以通过多样化的方式鼓励自己积极地面对困难,主动跨越各种障碍,更好地发挥自身强项,从而获得成就感。

学界并不十分认同伯纳德·苏茨给游戏下的定义,因为这个定义中完全没有提到竞争、奖励、叙事、交互、图形、手段、虚拟环境及获胜的概念,这与其他类书籍和著作中的游戏定义大相径庭,而这些词汇是人们在谈及游戏概念时最容易提到的。虽然上述相关概念是许多游戏的共同要素,但并非决定性要素。在给游戏下定义时,把握其核心要素是非常重要的。

相比人类历史上的其他时期,现在的游戏已经发展出了更多的内容、形式、门类和运行平台。有单人游戏、多人游戏和大型多人在线的网络游戏;有能在计算机、电视机、主机、手持便携设备和手机等各种平台上进行操控的数字化游戏;有在操场上、球馆里、健身房中、野外自然环境里进行的身体运动性游戏,还有在室内进行的棋牌、桌游、探索解谜和剧本杀等益智类游戏;有具备故事情节的游戏,也有无故事情节的游戏;有不计分的游戏,也有可累计分数和成就的游戏;有挑战脑力的游戏,也有挑战体能的游戏,还有两者结合的游戏。

即便游戏有如此多的种类和形式,但只要我们参与其中,立刻就会明白它是一个游戏活动。这是因为游戏在塑造体验方面有一种独特的本质特征。抛开游戏在类型和相关技术上的差异,所有游戏都具备4个核心要素,即目标、规则、反馈系统和自愿参与。

目标,是指游戏者通过努力达成的具体结果。目标在游戏中的作用是吸引游戏者的注意力,调整不同人群的参与程度。目标的任务就是为游戏者提供明确的目的性,激发游戏者的主观能动性,让他们全力以赴。

规则,为游戏者如何采取行动去实现目标做出了明确的限制。规则的存在不仅能够保障游戏的稳定运行,还可以消除或限制达成目标最明显的方式,它推动游戏者去探索此前未知的可能空间。规则有助于释放游戏者的创造力,培养他们的策略性思维。

反馈系统,告诉游戏者距离实现目标还有多远,它通过点数、级别、得分、进度等形式来反映游戏的发展情况。反馈系统让游戏者认识到一个客观结果:等到了什么时间、某些事情发展到了什么阶段,游戏就结束了。对游戏者而言,游戏进行实时反馈是一种承诺,这表明目标并不是遥不可及的,而是可以实现的,给予人们能够将游戏进行下去的信心和动力。如果在一个游戏活动中，人们长时间得不到信息反馈，那么不但会产生焦躁情绪，而且会陷入不知所措的境况，因为他们不清楚自己的努力是否有效，自然对接下来的行动产生怀疑。

自愿参与，要求所有游戏者都了解并愿意接受游戏中既定的目标、规则和反馈系统。这一点是构建多人游戏的共同基础。赋予每名游戏者任意参与和放弃的自由，则是为了保证他们把游戏中蓄意设计的高压挑战环节视为安全且愉快的活动。人们通常会对自主选择参与的事情较为热情和投入，只有在这样的情况下，才能处于较好的状态，当面临各种困境和难题的时候，他们也会愿意付出更多的努力。

与游戏的4个核心要素相比，构成游戏的其他环节都只是起到强化和巩固这些要素的作用。精彩的故事情节可以让游戏过程变得更加沉浸；复杂的评分指标让反馈系统更能激发游戏者的兴趣；成绩、得分和等级的攀升为游戏者提供了更多感受成功的机会；多人游戏和大型多人在线游戏将漫长的游戏过程变得难以预知，强化了结果的不确定性，可以带来更多愉悦和期待；身临其境的图形效果、声音效果和3D环境，提高了游戏者在游戏中完成任务所需的持续关注度；随着游戏的不断推进和深入，用以提高游戏难度的相关算法和设计，也只不过是重新定义目标、引入更多的挑战性规则的方式而已。

随着科技的发展，游戏的种类呈现多样化的发展趋势，无论在内容和形式上如何变化，它的4个核心要素都是非常稳定的。可以通过调整某个核心要素的表现形式，给游戏者带来不一样的体验。我们可以通过比较两种游戏，来加深对游戏这4个核心要素的理解，如体育游戏和探险解谜游戏。从相关书籍和教材中可以看出，传统的体育游戏的开展首先要让游戏者获知具体的规则介绍，然后在游戏规则下，按照相同的方法进行重复性的活动，在过程中会得到明确的信息反馈，游戏者所能做的是继续这些重复性的活动，因为游戏的目标单一，即为了强化某一项技能或身体素质。与体育游戏相似的游戏有很多，如体适能训练中的一些游戏、户外拓展游戏，即便是室内的棋牌和益智类游戏，在4个核心要素的表现方式上也没有很大的改变。探险解谜游戏在规则和反馈系统上做出了改变，游戏者一般首先遇到的是反馈系统，规则方面给予游戏者的信息非常少，大部分的游戏方法被隐藏起来，游戏者需要根据情况调动多种智能，通过实践来进行试错，从反馈系统中去分辨、归纳和整理大量信息，思考和发现推进游戏的有效办法。我们发现规则和反馈系统的出现顺序被调整后，游戏在可玩性上得到了大幅提升，可以促进游戏者能力的多元发展。这给我们带来了一定的启示，尤其是在游戏的设计和创编过程中，可以根据不同人群及其需求的变化，适当调节游戏的关键要素，使其能够适应时代的发展，最终打造出一些体验感强且有助于游戏者综合能力发展的游戏款式。

三、游戏的作用

游戏的出现其实就是对不尽如人意的现实生活的一种"修补"，各式各样的游戏在为人们的生活不停地添加"补丁"，帮助不同人群填补人生的各种缺憾。在这里，我们从"给生活打补丁"的角度来总结游戏的作用，具体如下。

（一）提升幸福感

游戏给人们提供了集中精力做事的机会，人们可以积极乐观地做一件自己擅长并乐在其中的事情。游戏能够激励人们主动迎接各种挑战，帮助人们更好地发挥个人强项，从而提升幸福感。

（二）构建更美好的现实生活

在现实世界中，独立个体的感受很难被全面关注，无论什么阶层、年龄多大、从事什么行业等，都会有各种各样的烦恼，很多障碍我们难以凭借一己之力去克服。在游戏的世界里，这些都不是问题，因为我们可以调整目标、规则等，让游戏适应每个人的能力水平，还可以选择那些自己擅长的领域，让我们充满信心。

（三）提供更满意的工作

游戏给了我们更确定的任务、更让人满意的实操工作。在游戏的世界里可以获得真正的奖励和满足感，尤其是对于不喜欢自己日常工作的人来说，现实的工作并没有或者很少为他们提供感受成功的机会，并且在工作过程中缺乏及时反馈，从而使他们陷入迷茫。

（四）增强社会联系

游戏建立了更强的社会枢纽，它帮助人们创建了更为活跃的社交网络。人们在社交网络上用于互动的时间越多，就越可能产生一种积极的社会情感。在游戏中，人们会经常一起处理问题，协作的时间长了，就会有意识地创建社群，并逐渐扩大范围,甚至能够达到全球性社群的规模。

（五）获得宏大的意义

游戏让我们全情投入,感觉自己的所作所为是在完成一项伟大的事业,这赋予游戏宏大的意义。所有人都想获得更多的东西,如在这个世界上留存重要痕迹的机会、为实现远大理想而创造奇迹的方法、来自所属社群的鼓励和尊重,这些都可以成为我们努力行动下去的意义。

（六）使人全情投入（参与机制）

游戏可以很好地激发人们的主观能动性,让人们变得热情洋溢,能够自我激励地参与到自己正在做的事情当中。人们参与游戏从来不是为了逃避现实,而是想从现实中获取更多。当人们不能或者暂时不愿意进入游戏构建的虚拟环境时,也可以在心中产生一种内在的奖励,这有助于人们全情投入现实生活。

（七）得到实时反馈（激励机制）

在游戏的世界里,人们随时可以得到各种各样的奖励,它让人们全力以赴去做事。玩过游戏的人都清楚一件事,即便天分不高、能力一般,在玩游戏的过程中也可以做到熟能生巧,越玩越有成就感,因为在游戏的世界里可以得到持续反馈。这些实时反馈让游戏者变得更加努力,更有热情地投入精力,并且做事更有计划性。

（八）与陌生人共同创建强大的社群（团队机制）

游戏可以把人们团结起来,从无到有创造出一个又一个强大的社群。游戏能够将一群陌生人聚集到一起,并让他们的注意力集中在一个共同的目标上,它提醒我们:"其实大家愿意相互分享,甚至与陌生人进行分享。"只要我们有需求、有意愿,就能够做到主动与他人建立联系。在这个世界上,人类本就不应感到孤独,无论我们身处的是虚拟世界还是现实世界。

（九）肯定个人价值

游戏帮助我们确立令人敬畏的目标,一起达成看似不可能完成的重要使命。通常会有人持有这种观点:"普通人办不了大事,成不了大器。"游戏可以颠覆他们的固有认知。我们能够通过各式各样的游戏出现在其他人的世界里，并为他们带去不同的体验，帮助解决很多人无法克服的困难，因此，游戏将人们变成了现实生活中的超级英雄，让他们感到自我价值得到了充分实现。

（十）推动团结协作

游戏让人们的努力更加协调一致，随着时间的推移，它还赋予人们善于合作的能力。因为在游戏中，很多任务和挑战是一个人不可能完成的，即便是多人共同参与，如果步调不一致、力量不凝聚，也会在失败中徘徊不前。尤其是多人在线游戏，它加强了人们建立并锻炼共享意向的能力，每当一起玩游戏的时候，就是在实践人类的一项基本天赋，这就是团结协作。

（十一）学会解决问题

游戏总是将人们置身于各种新奇的环境中，让人们面对一系列的问题，在游戏的引导下由浅入深地尝试处理和解决这些问题，随着时间的推移，逐渐成长为善于应对问题的高手。在现实生活中，不是每天都有问题需要人们去处理，尤其是棘手的问题并不多见，但是这些复杂的问题会在人们不经意的时候突然出现，让人们手足无措，因为模式化的平淡生活降低了人们的问题处理能力。

第二节　体验式综合能力拓展游戏概述

一、体验式综合能力拓展游戏的产生与发展

近年来，一类新兴的体验式综合能力拓展游戏受到了社会各界的广泛关注，因为该类游戏具有较强的跨领域资源整合特征，它不仅能够促进人们在身、心、智力等方面协调发展，还能够通过环境优化大幅度提升游戏者的体验感。该类游戏主要利用室内人工环境，配合各种精心设计的解谜类游戏和故事情节，同时将一些户外活动，如攀岩、索道、野外生存等融入其中，并添加了丰富的声、光、电之类的技术元素，让游戏的内容和形式更为丰富、参与过程生动有趣和充满挑战性。游戏者可以通过参与各种主题活动来发掘自身的潜能，拓展综合能力，确立自信和培养团队协作精神。要对这类游戏进行全面了解，就不得不提到一款推理解谜游戏——密室逃脱，它被视为体验式综合能力拓展游戏的前身。

"密室逃脱"一词最早是作为一个电子游戏品类的专属名词出现的，指 1988 年 Zenobi Software（一家英国的游戏制作公司，成立于 1984 年）制作的文字冒险游戏，只不过当时主要通过文字表述来体现。之后密室逃脱要素虽然在一些冒险解谜游戏中频繁出现，但并不是主流游戏。在 2001 年推出的关卡式解谜游戏《时间与空间之谜》（*Mystery of Time and Space*，MOTAS）中，玩家需要通过点击去探索环境、寻找物品、解开谜题并离开房间——密室逃脱的基本要素大多已经在这款游戏里出现，使得这类游戏正式被确认为密室逃脱（Escape the Room）类。在 PC（Personal Computer，个人计算机）与手机端负有盛名的密室系列（The Room）、逃离方块（Cube Escape）都属于这一类型的游戏。

密室逃脱又称 TAKAGISM，是一项集益智、健身于一身的室内能力拓展活动。游戏者们被锁在一个封闭的房间中，他们需要凭借细致的目光、敏锐的洞察力、缜密的推理、强健的体魄和齐心的协作，在房间中寻找线索，并利用相关物品破解难关，最终在规定的时间内逃离密室。早在 2004 年，被誉为经典密室逃脱游戏的《深红色房间》《碧绿色房间》《天蓝色房间》《雪白色房间》开始引起众多网友的关注，此款游戏是由日本人高木敏光制作而成的，其中，以《深红色房间》最为出名。此后，这类解谜游戏在网络上迅速发展起来，并在 PC 和手机平台上制作出了风格各异的密室逃脱游戏系列，吸引着众多互联网用户参与其中。

（1）Crimson Room 为系列第一作，即《深红色房间》，当时宣称"全世界也只有不到 4000 人可以走出这间屋子"。

（2）Viridian Room 为系列第二作，即《碧绿色房间》，公认为最难的一个。

（3）Blue Chamber 为系列第三作，即《天蓝色房间》，最简单的一个。

（4）White Chamber 为系列第四作，即《雪白色房间》，难度适中。

密室逃脱游戏一开始会把游戏者置于一个小房间里，周围没有明显的出口。在这样的环境中，能进行互动的东西很少，也许只有一台收音机、一张桌子，或者还会有一些日常用品等。游戏区域里没有明确的信息提示，不清楚应该去做些什么事情，看不到对战的敌人，也不需要收集宝藏，更不会遇到任何形式的危险。面对这种境遇，游戏者首先应该思考如何将游戏进行下去。由于线索太少，游戏者需要清楚玩这个游戏的目标。游戏者大概会猜，第一个目标应该是从这个密闭的房间里脱身，但此时的游戏者也不敢确定。游戏者面临的主要障碍似乎是对此时的自己该做些什么毫无头绪。游戏者必须依靠自己的力量去了解、发现和分析周边的一切事物，探索在这个世界里前进的方法和规律。

密室逃脱游戏中的任何一个谜题、道具和机关等要素都不会按照人们常规思维想象的那样进行运作。在这里，游戏者进入的每个房间或者区域都隐藏着不止一道谜题，它们以某种形式相互串联，而且其中不乏各种机关陷阱。随着游戏的不断推进，游戏者所面对的任务数量及其难度也会随之递增，需要用越来越复杂的知识和技能来摆脱困境。如果游戏者无法根据有限的信息提示来发觉和掌握自身所处区域中暗含的规律，也就是说，如果游戏者不理解游戏规则，就会一直被卡在原地，寸步难行。

最早的由真人进行参与的密室逃脱游戏出现在2006年，是美国硅谷的一群计算机科学家根据英国著名侦探小说家阿加莎·克里斯蒂（Agatha Christie）的小说设计出的一系列场景，并把它们还原到了现实中，提供给所有员工进行冒险解谜，最终将其命名为"Origin"。由于难度过高，能够从中成功逃脱的人很少，这间密室成为硅谷的一个特色景点。2010年，密室逃脱已经风靡美国、日本和中国。与此同时，密室逃脱开始吸收地方文化元素，创作出了大量风格各异的主题密室，在很大程度上丰富了本行业市场。2013年，密室逃脱在国内迅速升温。据不完全统计，截至2022年底，全国已经有超过10000家的真人密室逃脱俱乐部，其中以北京、上海等一线城市发展最为迅速。

在中国，密室逃脱类游戏已经不再局限于"解谜—逃脱"的单一玩法，而是逐渐开始融合LARP（Live Action Role Playing，实况角色扮演）、Cosplay（Costume Play，多指扮演动漫、游戏中的角色，侧重于服饰上的模仿）、沉浸式戏剧、桌游、鬼屋、真人CS（Counter-Strike，反恐精英）、主题营地乐园等丰富娱乐元素，在技术上慢慢淘汰了密码锁和纸面谜题的基本配置，智能中控、可穿戴设备、舞台和电影特效等技术都被运用其中。目前，随着OpenAI公司掀起的新一轮人工智能（Artificial Intelligence，AI）技术革命，此类游戏的多元发展具有无限可能。

密室逃脱是一个从线上移植到线下的典型案例。从密室逃脱的名称上看，"密室"代表封闭环境，"逃脱"指向的是最终目标，虽然直接地描述出游戏的环境特点，但是限制了自身的发展空间。其实，对于身处游戏环境中的游戏者来说，体验和挑战的不是逃离一个封闭的空间，而是依托团队、凭借实力突破各种"困境"，从而提升自身的综合能力。由于密室逃脱所涉及的领域非常有限，不利于行业市场的扩大。2015年以后，密室逃脱体验店在主题、道具和场地布置等方面做出了很多改变，对声、光、电等各种设备不断升级，VR（Virtual Reality，虚拟现实）技术也开始融入其中，主题游戏设计开始结合大量的身体运动元素，游戏的体验感大幅提升。该类游戏对自身进行了重新定位，从单一的益智类游戏开始向拓展综合能力的方向发展，它强调在实践过程中学习和掌握技能，逐步演变成为今天的体验式综合能力拓展游戏。

体验式综合能力拓展游戏以一种全新的游戏形态出现在了大众视野里，它让人们对游戏的定义有了更为深刻的理解。目标、规则、反馈系统和自愿参与仍然是游戏的4个核心要素，只不过更换了各核心要素的出场顺序。以前的游戏把目标和规则填鸭式地硬塞给游戏者，随后游戏者在游戏过程中寻找反馈。但渐渐地，反馈系统成了游戏者在游戏中最先了解的东西。它们吸引游戏者发现目标，帮助游戏者破解规则。这又成为人们玩游戏的一个强大动力：在全新的环境里探索一切可能性。

二、体验式综合能力拓展游戏的概念

从"无序"到"有序"，从"混乱"到"清晰"，从"慌张"到"镇静"，这些是人们身处困境时必然经历的一个过程，人们可以从中获得思维的锻炼和能力的提升。经济学家蒂姆·哈福德（Tim Harford）的《改变我们生活的无序力量》就用科学的结果告诉我们，做事不要太循规蹈矩，要学会拥抱"无序"，甚至有时候要主动制造"无序"，这样更能激发出创造力。体验式综合能力拓展游戏打破了传统身体活动性游戏固有的套路和模式，选择主动面对"无序"，突破常态化思维，让人们从不熟悉的复杂环境中获取思路，学会切换视角来观察事物，尝试寻找处理问题的全新路径。

体验式综合能力拓展游戏是在遵循少年儿童身心发展特点和动作技能发展规律的基础上，以培养人的综合能力和促进其多元智能协调发展为最终目的，将身体运动性游戏作为载体，把发展基本动作为主要内容，通过打造复杂的游戏活动环境，合理融入多学科领域基本知识，构建出的一个体验感强、内容形式新颖、具有实际效果的活动模式。这一概念包括以下3个方面的内容。

（1）以身体运动为基础的拓展游戏。在日常生活中，我们参与的任何活动都离不开身体的配合，如呼吸、饮食、学习和体育锻炼等。婴儿从离开母体这个完美温床的那一刻开始，用以感知周边环境的就是身体，通过身体他很快就感觉到了温度的变化、空气的流动、光线的明暗等带来的各种刺激，这也标志着人生游戏的序幕就此拉开。体验式综合能力拓展游戏的活动框架选择以身体运动为基础进行构建，可以更好地与其他智能领域相关活动有机融合，共同打造一个能够拓展综合能力和发散思维的融合体。

（2）无序且复杂多变的游戏环境。体验式综合能力拓展游戏中的各类谜题任务涵盖了各种领域的游戏活动，并将涉及的游戏元素在同一个环境中进行融合。为了提升游戏者的体验感和锻炼人的综合思维与能力，游戏元素需要打破常规，以一种更为隐匿的方式存在游戏环境中，像我们的日常生活那样，问题的出现从来不遵循任何规律，这就要求游戏者自主寻找和发现信息，并根据情况需要设法整合资源去破解难题，从无序且繁杂的环境中探索规律。因为游戏场景中的物品、信息和任务都是杂乱无章的，所以它们构建出的环境肯定是复杂多变的，游戏者置身其中，想要寻求突破，必须保持良好心态，努力发挥个人强项，相互配合协作，从实践中摸索解决问题的思路。

（3）涉及人的多元智能发展。生活其实是最复杂的，人生这场游戏中从来就没有"容易"二字，体验式综合能力拓展游戏的核心活动内容，或者说资源素材，其实都源自生活中的点点滴滴，它汇集了全领域中一切可以被利用的资源，除了传统的体育游戏、运动项目、户外拓展，还引入了益智类游戏和各领域的学科知识，甚至是生活中的各类工作。这些活动的背后都离不开多元智能的支撑，因为生活中任何一个问题或者困难，都需要我们投入不止一种智能才可以顺利解决。美国学者加德纳（Gardner）对多元智能理论的相关论述指出，智能就是要解决现实问题和进行创造。体验式综合能力拓展游戏让游戏者最大限度地贴近生活实践，给他们制造各种困难和麻烦，让其设法去解决这些问题，从而获得自身的全面发展。

我们可以从体验式综合能力拓展游戏中看出，它所追求的不是对人单一素质或者某一项智能的训练，而是在有机整合各领域资源基础上，通过对环境的优化、主线的巧妙构思和游戏活动的有机融合，构建了一个多领域学习区域——"多元智能训练环境"。在这个特殊的环境中，游戏者面临的是一个又一个的现实问题，以解决问题为核心目的，训练和提升他们在不同环境下发现问题、分析问题和解决问题的能力，而这些需要人们启动多元智能，并且只有通力合作才能突破困境。其实，我们的生活本身就是一个多领域知识的融合体，它在不停地为所有人制造难题，但又给我们提供解决问题的资源和条件，我们要做的是充分利用有限的资源去创造无限的可能。

体验式综合能力拓展游戏是游戏发展过程中派生出来的一个独特的存在，它以一种全新的模式将智力活动和体力活动有机融合，吸收和整合了传统的各种游戏活动资源，并在此基础上进行了迭代升级。体验式综合能力拓展游戏并不是对传统游戏元素的简单拼凑，也不是单纯的领域间横向融合，它正在尝试发展出一个属于自己的系统，从而能够依据不同时期的需求变化，对各类相关资源进行自由转换和再度整合，加强其纵向的迭代能力，赋予产品更新换代的自我创造力。相比之下，各类传统游戏的构建模式只能完成相较单一的目标任务，难以根据不同人群的现实需求的不断变化来提供相适应的产品和服务。

体验式综合能力拓展游戏的特点表现在游戏者自愿进入一个人为搭建的环境中，通过积极思考和动手实践克服各种困难及跨越各种障碍，逐步脱离困境。它与传统体育游戏的区别在于目标的多元化和效果的综合性上。当你参与体验式综合能力拓展游戏的时候，会发现游戏者并不是被限制在一个明确的规则下，按照具体的指令行事，而是身处一系列的困境之中，需要人们发挥综合能力并通力合作来应对各种挑战，最后设法破局而出。游戏者全程都具备较高的自主性，可以根据情况随机应变。这类游戏不但可以很好地激发少年儿童的兴趣和积极性，而且对于处在身心疲劳状态下的青年群体也可以起到释放压力的作用。

三、体验式综合能力拓展游戏的功能

体验式综合能力拓展游戏不仅是一种健身娱乐手段，还是一种体育手段，它可以帮助人们进行能力拓展、发展身体素质、培养团队协作精神和提升解决问题的能力。由于体验式综合能力拓展游戏的内容和形式非常丰富，让游戏者在游戏过程中能够获得很好的体验感，这有助于激发人们的参与热情，充分发挥其自身的主体性，提升自信心。

体验式综合能力拓展游戏所具有的主要功能包括进行能力拓展、发展身体素质、培养团队协作精神、提升解决问题的能力。

（一）进行能力拓展

人的能力一般包括观察力、注意力、想象力、记忆力、思维能力、实践能力、沟通能力、资源的辨识与整合能力。

1. 观察力

观察力是指迅速、准确、全面地对有意注意的事物或现象进行观察，并能发

现其显著或并不那么显著的特征的能力，主要从敏锐性、准确性、全面性3个方面来考察和判断事物。在体验式综合能力拓展游戏中就存在考验观察力的游戏任务，经常被用来隐藏密码或文字信息。数字谜题如图1-1所示，这是由9个木块堆放在一起所形成的立方体。我们看到的是该立方体的4个侧面，每个侧面里都隐藏着重要信息，游戏者只有读懂这些信息才能获得这个关卡的密码（0358）。

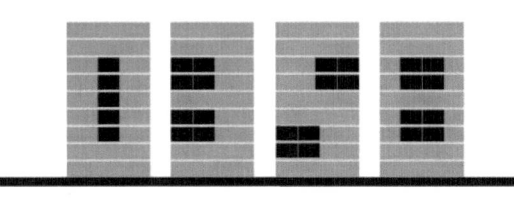

图1-1　数字谜题

2. 注意力

注意力是指一个人对客观事物的一种定向反射能力，拥有该能力的人能保持头脑稳定、清楚地感受和接收外界事物的信息。在体验式综合能力拓展游戏的主题中，以故事情节为主线贯穿于整个游戏过程的主题设计占有相当大的比例。此类风格的主题游戏需要游戏者先对故事情节有个较为全面的把握，再根据其中的提示信息来破解谜题。在通常情况下，情节类型的主题游戏会从一段音效开始，这就要求游戏者保持高度的注意力，认真倾听录音中的语言信息或者各种音乐旋律，在此基础上汇总其中的重要信息，便于自己了解故事的整体轮廓，如身处怎样的境地、要做什么事情、自己的角色什么特点、人物之间的关系如何等。

注意力对于一个人来说是至关重要的，因为注意力不集中或减退会影响观察力的敏锐和准确程度。如果观察到的影响信息不够深入，大脑的记忆就不会深刻，从而造成想象力和思维能力的下降。我们可以通过参与体验式综合能力拓展游戏来训练自身的各项智能和素质，在轻松娱乐的环境中得到全面发展。

3. 想象力

想象力是指想象的能力。其中，想象是指人在头脑里对已储存的表象进行加工改造，形成新形象的心理过程。想象是一种特殊的思维形式、高级的认知过程，连接着感性和知性，能突破时间与空间的限制。想象是一种在头脑中利用原有形象形成新形象的思维活动。在体验式综合能力拓展游戏中，经常需要游戏者发挥想象力来处理问题。例如，当游戏者听到一段关于游戏故事情节或者物体描述的语音提示时，要求他们先根据语言信息想象各种事物可能存在的画面，再采取相应的行动。如果游戏者不能在大脑中对接收的信息进行有效处理，就难以将提示信息中涉及的一些重要内容转换成具体的形象，会直接阻碍游戏的进一步推进。

4. 记忆力

记忆力是指记住事物的外形和名称，以及该事物与以前学过的事物的相似点与不同点的能力。记忆就是过去的经验在人脑中的反映，包括识记、保持、再现和回忆4个基本过程。记忆力是大脑存储和提取各种信息的能力，是想象、判断、推理的基础。在体验式综合能力拓展游戏中，有很多谜题只有依靠游戏者的记忆力才能解开。例如，很多游戏环节需要游戏者回忆语文课上的唐诗、宋词、元曲，也会出现音乐类的谜题游戏，需要游戏者记住乐曲的某一段落等。

5. 思维能力

思维能力是指通过分析、综合、概括、抽象、比较、具体化和系统化等一系列过程，对感性材料进行加工并转化为理性认识来解决问题的能力。它包括理解力、分析力、综合力、比较力、概括力、抽象力、推理力、论证力、判断力等能力。它是整个智慧的核心，参与、支配着一切智力活动。一个人聪明与否，有没有智慧，主要就看他的思维能力。可以说体验式综合能力拓展游戏中设计的所有谜题都会涉及人们的思维能力，因为谜题的信息会被拆解，当游戏者重新收集这些琐碎的信息的时候，每个环节都需要启动他们的思维能力，对问题进行分析和探讨。

6. 实践能力

实践能力是指在发展过程中升华形成的人的基本活动技能。实践不是盲目的，而是有步骤、有目标的行为，是为实现目标而有计划的个人或团队行为。在实践能力培养的过程中，要将实践放在整体知识结构的框架中来认识。通过实践，培养能力，使实践能力成为人的品质之一。体验式综合能力拓展游戏的特征之一就是高度的实践性。游戏者在参与主题活动时要面对各种复杂的问题，每个问题都需要他们在考虑清楚之后立刻开始动手实践。体验式综合能力拓展游戏鼓励游戏者"从做中学"，将大脑中的理论知识充分运用于实践，并在各种试错中总结经验，从而提升综合能力。

7. 沟通能力

沟通能力是指一个人与他人有效地进行沟通的能力，它包含表达能力、倾听能力和设计能力（形象设计、动作设计、环境设计）。沟通能力看似是外在的东西，而实际上是个人素质的重要体现，它关系着一个人的知识、能力和品德。在体验式综合能力拓展游戏中，团队成员之间的信息沟通是非常重要的，面对无规律的各种信息和符号，大家需要针对具体问题进行必要的沟通，互通有无，共同处理问题，为团队分工和协作打下基础。

8. 资源的辨识与整合能力

资源的辨识与整合是指企业对不同来源、不同层次、不同结构、不同内容的资源进行识别与选择、汲取与配置、激活与有机融合，使其具有较强的条理性、系统性和价值性，并创造出新的资源的一个复杂的动态过程。资源的辨识与整合能力是以人为载体，在资源整合过程中表现出的对资源的识别、获取、配置和利用的能力，主要表现在个人和团队两个层面上。在人类文明的发展过程中，资源的辨识与整合可以说是无处不在，能够追溯到我们的祖先。从原始人第一次发现动物的骨头可以用来当作工具，帮助自己解决问题的时候，资源的辨识与整合就已经出现了。随着时间的推移，人类发现了更多能够为我所用的各类资源，并在随后的研究中对资源进行了改进和优化，大大提升了人类的生产力，从冶炼技术的出现，到蒸汽机车的发明，再到对电力能源的掌控和之后问世的计算机，以及今天的人工智能，再将目光转向我们的生活方式和商业运行模式，甚至是体育运动领域的各类健身手段与器械，都体现出人类在资源的辨识与整合方面具备独特的能力。体验式综合能力拓展游戏就是将生活中的各种问题交织在一起，搭建一个复杂的环境。在这样的游戏环境中处理问题，要努力挖掘和整合有限的资源来克服障碍，相应的能力也会得到一定程度的提升。

（二）发展身体素质

身体素质是指人体肌肉活动的基本能力，是人体各器官系统的机能在肌肉工作中的综合反映。身体素质一般包括力量、速度、耐力、灵敏和柔韧等。体验式综合能力拓展游戏融入了走、跑、跳、投掷、攀爬等大量的身体运动元素，它以身体运动性游戏为基本载体，其中包括体育游戏、拓展训练、体适能训练等活动领域的素材。可以说体验式综合能力拓展游戏是一种发展人的综合能力的健身娱乐手段，它能够全面发展人的力量、速度、耐力、灵敏和柔韧等基本身体素质，为人们参与其他体育健身项目起到积极的辅助作用。

体验式综合能力拓展游戏主题中融入了大量身体运动元素，其中的一个谜题就是通过人力发电来给房间中的设备供给能量。该游戏环节需要游戏者在一款被改造的室内骑行健身器械上完成一定负荷量的运动，从而达成人力发电的目的，最终让绑定在自行车前轮上的一个灯泡发光。自行车上的照明设备为一个黑暗房间提供光亮，其他游戏者利用这段时间来查看房间中的隐藏信息，至于在自行车上的游戏者需要骑行多久，取决于队友的任务完成情况。

（三）培养团队协作精神

团队协作精神是指建立在团队的基础之上，发挥团队精神、互帮互助以达到团队最大工作效率的意识。它是大局意识、协作意识和服务精神的集中体现，其本质是共同奉献。体验式综合能力拓展游戏可以帮助人们很好地提高团队协作能力。在游戏过程中，游戏者通常以团队的形式去完成各种任务。这些任务需要团队成员之间高度的配合和协作，游戏者只有彼此信任、相互支持和合作才能设法突破困境取得成功。通过参与这些活动，人们充分理解团队合作和协作的重要性，在实践中逐步提升沟通与协作能力。

破解体验式综合能力拓展游戏中的大量谜题离不开团队成员的合作，最具代表性的游戏环节就是"人体电桥"。这个游戏环节需要游戏者通过手拉手或者其他的拉拽方式，尽可能地延长团队成员的臂展长度，从而完成导电的任务，最终触发电动设备。

（四）提升解决问题的能力

体验式综合能力拓展游戏本就是一个由各种问题编制起来的综合体，它的任务是"制造麻烦"，让游戏者深陷各种困境，想要成功脱离困局，需要尽可能地发挥潜能，通过团队协作，设法破解难题和障碍。整个游戏就像现实中的生活，问题不断出现，在努力思考和克服重重困难的过程中，人们在解决和处理问题方面的能力将逐步得到提升。游戏者在体验式综合能力拓展游戏营造的环境中经历得越多，他们就越会适应这种模式，并养成一种习惯，当遇到问题的时候会不自觉地寻找各种方法来应对。

此外，在设计游戏的时候，设计人员会对其场地环境进行各种优化，并精心布局每道关卡，这就大幅提升了体验式综合能力拓展游戏的体验感。因此，不同人群会选择自主参与其中，他们的主体性也可以得到充分发挥，在面对各种困境的时候，游戏者愿意全力以赴，为他们克服困难、解决问题提供了强大的动力。

四、体验式综合能力拓展游戏的目的

人类社会的发展可以理解成一个从小规模简单协作到大规模复杂协作的过程。当代社会环境的复杂多变超过了以往任何一个历史时期，提升个人的社会适应能力非常重要，尤其是在 AI 集中爆发的今天，各行各业都面临着巨大的挑战，如何更好地与迅速崛起的 AI 进行协作，已经成为社会各界的热点话题。AI 模型的学习速度惊人，能力提升极为迅速，并呈现出多元发展的态势，其迭代能力超乎想象，这就要求我们从基础教育开始，必须重视人的多元智能发展，培养综合思维能力，为我们今后能够与 AI 相互配合，并熟练掌控 AI 系统用以高效地解决实际问题做好准备。体验式综合能力拓展游戏将在一个人的成长和发展过程中扮演重要角色，不仅体现在对身体健康的促进上，它还可以通过营造一个丰富且多变的环境，对身处其中的游戏者进行潜移默化的影响，培养和发展人的个性与情感，促进人的多元发展。

体验式综合能力拓展游戏的目的是，以身体运动性游戏为基础，吸收和整合各类游戏资源，通过构建多元智能训练环境，引导少年儿童进入多领域学习区域，强调理论结合实践、手脑并用、解决实际问题、"在做中学"，充分发挥人的主体性，培养跨领域协作精神，促进少年儿童思维的发展和能力的全面提升。具体目标如下。

（1）全面发展少年儿童的身体素质，提高跑、跳、投等基本活动能力，增强体质，在实践中活学活用知识和运动技能，提升环境适应力。

（2）结合游戏内容和特点及少年儿童在游戏中的表现，培养其朝气蓬勃、团结友爱、机智勇敢和勇于克服困难的优良品质。

（3）培养少年儿童独立思考和实践动手的能力，促进其多元智能的协调发展。面对当今社会的发展变化，在为少年儿童全面发展提供学习和锻炼手段的时候，切记要贴近生活，因为智慧源于生活，生活是促进少年儿童成长最好的场所。传

统的体育运动、身体活动性游戏、体适能训练、户外拓展活动、野外营地教育和生命安全教育等训练方式都专注于单一的素质训练，并在各自的领域取得了不可磨灭的成就，它们帮助少年儿童在某一个方面打下了基础，但是面对现实社会生活中的复杂性和多变性，我们需要在这些传统的领域向前再迈出一步，将其未完成的部分补全，那就是通过一种更加适应社会发展的方式整合各领域的资源，在现有的基础上，做到有机融合，将少年儿童最大限度地拉进生活，以他们为中心，构建"真实的"游戏环境，在一系列的困境中思索和发现个人的强项与不足，有针对性地完善自我。我们所做出的改变并不否定传统领域的成绩，而是与其配合，填补空白，从这个角度进行解释可以让大家对体验式综合能力拓展游戏的目的的理解更为深刻。

第三节　体验式综合能力拓展游戏与多元智能

一、多元智能理论

（一）多元智能理论的起源

多元智能理论（Theory of Multiple Intelligences，MI 理论）由美国教育学家、心理学家加德纳于 1983 年在其所著的《智能的结构》一书中首次提出。它是一种全新的关于人类智能结构的理论，该理论认为人类的思维方式和认识方式是多元的，每个人身上至少存在 7 种智能，即语言智能、逻辑-数学智能、空间智能、音乐智能、身体运动智能、人际沟通智能、自我认识智能。

20 世纪中叶，苏联的人造地球卫星率先飞上太空给全世界带来了巨大的冲击，这个重大事件引起了美国人对自己国内教育的深刻反思。在此背景下，美国哈佛大学启动了关于人的智力潜能及其开发的相关课题研究。1983 年，作为该研究项目中创造力研究的引领者加德纳通过大量的心理学研究发现，人类的思维和认识世界的方式是多重的，独立个体具备不同的认知类型和能力，进而提出了多元智能理论。加德纳的多元智能理论对人类智力的内涵做了进一步的拓展，向传统的智商概念和一元化的智力理论提出了极大的挑战。按照皮亚杰（Piaget）认知理论及传统的智力观来说，智力是以语言能力和数理-逻辑能力为核心的、以整合的方式存在的一种能力。加德纳认为，"这种固定的观念强调了脑力的存在及其重要性——这是一种能力，而这种能力有不同的称呼：理性、智力或大脑的运用"。但这种有关智力的传统理论过于狭隘，它忽略了对人的发展具有同等重要作用的其他方面，如音乐、空间感知、身体动作及人际交往等。基于传统智力观的各种智力测试和考试，主要集中在语言表达和数理推断方面，而这种衡量方式存在一定的局限性，它不能对学生的个人能力做出全面、客观的评价。这些传统的考试和测验只对学生阶段性的学习成绩有较好的预测效果，但是对学生毕业之后的发展情况难以进行有效的评估，至于学生未来在某些领域的发展潜力和表现状况，传统的评测方法难以提供有效的参考依据。

加德纳通过研究认识到，智能并不是少数人群的专属能力，相反，智能是每个人都不同程度地拥有并表现在生活各个方面的能力，它能够帮人们在特定的环境下解决各种实际问题，并能有所创造。在加德纳看来，智能可能意味着我们在生活和工作中展现出来的一切能力，仅仅通过单纯的测验想要对人的智能进行衡量是很不现实的。由此，加德纳提出了一个比传统智力理论更为宽泛的智能体系，并给它一个新颖且实用的概念："在某种社会或文化环境的价值标准下，个体用以解决生活中所遇到实际问题的能力、能够提出并处理新问题的能力及为自己所属文化提供有价值的创造和服务的能力。"这个概念打破了通过标准智力测验对人们聪明程度的界定，它强调智力是个体解决实际问题、生产和创造产品的能力。关于智力的探讨不应该脱离人的实际生活，智力应该能解决实际问题，并且智力与创新密不可分，这就是加德纳对于智力的全新解读。

经过十几年的研究，加德纳在出版的《重构多元智能》一书中说明，他在原有的 7 种智能的基础上，增加了一种智能——自然观察智能。加德纳认为可能还有更多的智能等待人们去发现，因此，加德纳与其研究团队对多元智能的研究仍在进行和完善。

（二）多元智能理论包括的 8 种智能

多元智能理论对智力的定义和解读与传统的智力观区别很大。加德纳认为，智力是在某种社会和文化环境的价值标准下，个体用以解决自己遇到的真正难题或生产及创造出某种产品所需要的能力。智力不是一种能力而是一组能力，智力不是以整合的方式存在而是以相互独立的方式存在，不过它们可以相互配合，用以解决复杂的问题。加德纳在多元智能理论中总结出的 8 种智能分别是语言智能、逻辑-数学智能、空间智能、音乐智能、身体运动智能、人际沟通智能、自我认识智能、自然观察智能。

（1）语言智能：有效地利用口头或书面语言的才能。这种智能是指人对语言符号的掌握和灵活运用的能力，它表现为通过词语进行思考，用语言或词语的不同的使用方式来描述和表达复杂的意义。作家、诗人、记者、编辑、演说家、相声和脱口秀演员、新闻播音员和影视动漫配音演员等都具有高水平的语言智能。

（2）逻辑-数学智能：有效地利用数字和逻辑推理的才能。这种智能主要是指人对逻辑结果关系的理解力和推理力，对数字和抽象模式的理解力，常用来处理物理世界中的数量关系，突出特征为用逻辑方法解决问题。这种智能发达的人对数字非常敏感，具备较强的探索精神，我们通常称这种智力为科学思维能力。科学家、会计师、精算师、统计员、工程师、金融分析师和计算机程序设计员等都显示出了较强的逻辑-数学智能。

（3）空间智能：准确感知视觉空间的才能。这种智能是指人对色彩、线条、形状、空间位置的准确感受和表达的能力，突出特征表现在对视觉世界有准确的感知，产生思维图像，有三维空间的思维能力，能辨别、感知空间物体之间的联系。航海家、飞行员、雕刻家、画家、建筑师、射击运动员等都具有较强的空间智能。

（4）音乐智能：感知、欣赏和创作音乐的才能。这种智能是指人的感受、辨别、记忆和表达音乐的能力，突出特征为对环境中的非言语声音（包括韵律、曲调、节奏、音高和音质等）较为敏感。能够表现出较高音乐智能的人包括作曲家、指挥家、音乐家、音乐评论家、乐器制造者及对音乐敏感的观众。

（5）身体运动智能：善于运用身体来表达内心感受的才能。这种智能是指人的身体的协调、平衡能力，以及运动的力量、速度、灵活性和柔韧性等方面的能力，突出特征为利用身体交流和解决问题，能够熟练地进行物体操作，并掌握良好的动作技能。这种智能在运动员、舞蹈家、外科医生、手工艺者、军人和武术家等的身上表现得十分明显。

（6）人际沟通智能：察觉并区分他人的情绪、意图、动机的才能。这种智能是指对他人的表情、话语、手势动作的敏感程度及对此做出有效反应的能力，主要表现为个人能觉察体验他人的情绪情感并做出适当的反应。这种智能在优秀的教师、社会工作者、演员或政治家身上表现得较为明显。

（7）自我认识智能：自省的能力。这种智能是指个体认识、洞察和反省自身的能力，突出特征为对自己的感觉和情绪敏感，了解自己的优缺点，通过运用自己获取的知识来进行决策，并设定出适合的目标。神学家、心理学家、思想家和哲学家是具有较强自我认识智能的典范。

（8）自然观察智能：观察自然、分辨不同物体的才能。这种智能是指观察自然的各种形态、对物体进行辨认和分类、能够洞察自然或人造系统的能力。这种智能在生物学家、物理学家、化学家和天文爱好者等的身上表现得较为突出。

上述内容是对大家公认的 8 种智能的解释，但是人与人的差别主要在于他们所具有的不同智能组合。承认智能的多样性，并以此开发出各式各样的智能组合将成为我们工作的重点。这样我们就有机会更好地处理当今世界所面临的诸多问题。

（三）多元智能理论现状

截至 2024 年 3 月，在中国知网查阅文献资料发现，与多元智能理论相关的文章有 5966 篇。目前，多元智能理论已在国内外的学科教育领域得到了广泛关注，中国、美国、英国、日本等国家都在尝试将多元智能纳入课堂，多元智能理论的影响力与日俱增。从文献内容上看，多元智能理论主要被应用于各学科领域的教学改革、人才培养和课程建设等方面。

多元智能理论在教学改革中的应用较为常见。研究的关注点主要集中在如何运用多元智能理论帮助学生提升语言、数学逻辑等方面的智能。不少学者提倡按照学生智能类型设计个性化的教学方案，以提升教学效果。例如，在数学领域的研究中，很多研究提出了在数学教育中应用多元智能理论的方法，并针对学生的智能类型差异，设计出多种教学策略和活动，提高学生的兴趣和学习效果。此外，还有学者探讨了多元智能理论在职业教育和特殊教育中的运用方法，以提升教学质量。

在人才培养方面的研究中，多元智能理论也受到学者们的重点关注。很多研究对如何运用多元智能理论培养各学科人才的核心素养提出建议。例如，在语文学科上，有些学者将多元智能理论与语文学科核心素养结合，详细阐述二者之间的内在联系，并立足于多元智能理论，对学生语文学科核心素养的培养策略进行探讨。同时，有研究讨论了多元智能理论在促进学生全面发展、提升综合能力等方面所起到的作用。

此外，多元智能理论为课程建设提供了新的思路，主要体现在实践性较强的课程上。例如，在体育游戏相关研究中，有些学者从游戏课程开发、目标建立、内容设置、评价方法等层面融入多元智能理论来完善课程建设。同时，有研究提出了多元体育活动模块，将其用于少儿体育游戏课程开发。

大部分研究主要是强调多元智能理论在各学科教学中的应用价值，并提出了相应的方法用于优化课堂教学。从本质上看，多元智能理论多应用于各学科领域的教学策略上，帮助教师调整课堂教学设计，达到提升教学效果的目的。但是，这里忽略了一个重要的问题，就是各学科具有较强的独立性，仅利用多元智能理论来丰富教学策略，并不能给学生提供一个有助于他们建立多种智能组合的机会或场所。人们在现实环境中处理实际问题的时候，不同智能之间会产生相互联系和影响，进而促进它们形成多种智能组合。

体验式综合能力拓展游戏的每个主题活动都整合了来自不同领域的众多游戏元素，它们交织在一起，形成了一个特殊的环境——多元智能训练环境。游戏者从这样一个特殊的环境中，可以得到全方位的锻炼，因为他们在面对复杂多变的境遇和重重困阻之时，会自主开启多项智能，不同智能之间相互影响、相互配合，建立起更多新的智能组合。

二、体验式综合能力拓展游戏中的多元智能

受到各种传统游戏活动的影响，人们通常认为一项游戏应该是在具体的方法和明确的规则下进行的。例如，体育游戏、户外拓展活动和各种益智类游戏等，大部分要求游戏者在既定的规则下，通过相同的方法进行反复操作。这些游戏活动大多在一个比较固定的环境中进行，游戏者面对的困难和障碍较为单一。然而，社会环境是复杂多变的，问题很少以相同的形式出现，我们在处理各种突发状况的时候，要依据具体情况来选择合适的应对方案。传统游戏更加专注于对人的某一项素质和能力进行训练，涉及的智能种类不多，难以为我们提供一个能够提升综合应用能力的游戏环境。与此相对，体验式综合能力拓展游戏致力于模拟现实中可能遇到的各种困境，以解决问题为目的进行反向设计，能够更好地培养人们应对困难和解决实际问题的能力。在体验式综合能力拓展游戏里，几乎看不到与游戏相关的信息提示，游戏者被置身于一个未知的环境之中，任何一项活动的进行都需要自己去探索。想要突破困境，游戏者需要尝试运用不同智能来克服环境中的各种困难，这有助于人们发展出新的智能组合，从而提升人们解决实际问题的能力。

经过多年的发展，体验式综合能力拓展游戏相关的实体门店已经遍布全国各

地。我们曾在北京、上海、杭州、济南、青岛和威海等城市对该类型游戏进行考察，发现不同地域游戏主题的设计风格与思路较为相似，没有出现明显的代差。因此，2018—2019年，我们对济南市区内的体验式综合能力拓展游戏相关门店进行了筛选，从中选定了7家规模较大且具有代表性的门店，围绕其运营的游戏主题进行了实地调研，并依据多元智能理论提出的8种智能，对收集的436个独立游戏元素进行了分类统计。

由图1-2可以看出，体验式综合能力拓展游戏所涉及的主要游戏元素覆盖了多元智能理论提及的所有智能类型。其中，机械和建构类的游戏元素占比最高，其次是身体运动类、逻辑-数学类和视觉艺术类游戏元素。从谜题所包含的游戏元素类别来看，游戏涉及的内容十分丰富、领域广泛，与传统的体育游戏、户外活动形成了鲜明对比。体验式综合能力拓展游戏从各领域的游戏资源中吸收了大量的游戏元素，在此基础上对它们进行再度整合，创编出很多形式新颖的谜题。同时，主题设计人员为这些谜题精心选择了相应的道具，并通过各种形式将其巧妙地融入游戏场地之中，构建出一个充满困境的特殊游戏环境。游戏者在这样的环境中可以接触到很多能够影响多元智能发展的活动，这有助于人的多种智能协调发展。

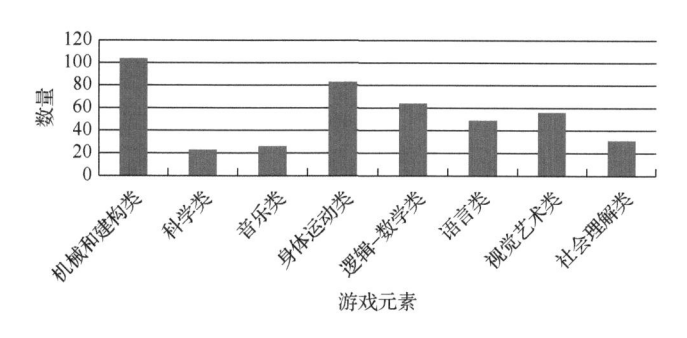

图1-2　游戏元素分类统计表

另外，我们从调查过的游戏主题中随机抽取了10个主题案例，对涉及不同智能领域的各类游戏元素在游戏中的分布情况进行了统计。由图1-3可以看出，游戏主题元素涉及智能种类最少的达到了4种，最多的为7种。在大部分游戏主题中，游戏者需要运用平均5～6种智能来处理问题，这不仅为各种智能的协调发展提供了机会，还可以帮助游戏者发展出新的智能组合。

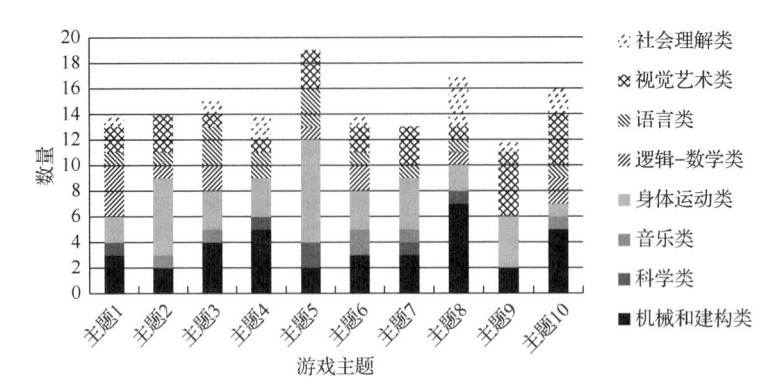

图 1-3　游戏主题元素分布情况统计表

体验式综合能力拓展游戏将与智能相关的各类游戏元素以一种独特的方式整合在一起，构建出能够影响多元智能发展的游戏环境，给游戏者带来了与众不同的游戏体验。该类型游戏为人们提供了一个能够接触多元智能训练的机会和场所，在它构筑的游戏环境中，我们要面临各种困境，并尝试运用不同的智能来应对难题和克服障碍，从而发展自身综合素质，提升处理实际问题的能力。

通过调查，我们发现体验式综合能力拓展游戏的设计人员特别擅长发现和整合生活中的常见事物，如生活用品、工具、体育器械、游戏活动、小说故事情节等。他们能够从各种领域中识别出有潜在利用价值的资源，并对其进行拆解和整合，为体验式综合能力拓展游戏提供源源不断的设计创意。因为体验式综合能力拓展游戏的创编团队由来自不同领域的人员构建而成，多元化的专业背景给行业输入了大量的新鲜血液，团队能够进行跨领域协作，工作思路非常开阔。由图 1-4 可以看出，在调查的 25 个设计人员当中，很少出现专业重复的情况。关于游戏团队专业背景的调查，从侧面很好地解释了体验式综合能力拓展游戏为什么需要人们运用多元智能来处理问题。每位设计人员将自己的强项用于游戏创编，构建出一个能够训练多元智能的游戏环境。

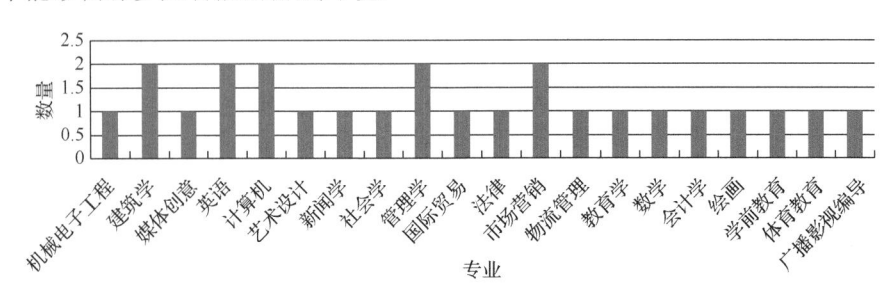

图 1-4　从业人员专业情况统计

体验式综合能力拓展游戏中蕴含众多涉及不同智能领域的元素，这些元素相互通过各种形式融合在一起形成了大量的谜题，并在相关道具和场地的搭配下，制造出了一系列的游戏困境。这样一个由困境相互交织而构成的特殊环境，可以对人的多元智能产生影响，并激发游戏者的主体性，让他们在面对重重困难之时，自主尝试运用各种智能应对和处理问题，这有助于不同智能组合的生成。体验式综合能力拓展游戏给我们提供了一个能够让多种智能协调发展，并促进智能之间相互影响的游戏环境。我们可以基于体验式综合能力拓展游戏，将生活、工作和休闲娱乐等各领域的资源整合在一起，构建出一个能够训练多元智能的游戏环境，激发和培养少年儿童的各项智能，让他们在一个轻松愉快的环境中释放自我，发现自己的强项，并通过解决实际问题锻炼应用能力，提升综合素养。

第二章　多元智能训练环境与体验式综合能力拓展游戏主题

> **章节导语**
>
> 构建一个高质量的多元智能训练环境，需要对环境中各要素进行巧妙搭配和设计，这项重要的工作主要是在体验式综合能力拓展游戏主题设计的过程中进行的。本章将介绍多元智能训练环境及其构成要素，在此基础上探讨多元智能训练环境的构建，然后对体验式综合能力拓展游戏主题的设计原则进行阐述，并围绕游戏主题的设计及其具体步骤进行详细解读。

第一节　多元智能训练环境

一、多元智能训练环境概述

多元智能训练环境是指在体验式综合能力拓展游戏中，影响人的各种智能发展的外部条件总和，它通过打造复杂的场地或场景，对游戏者进行多元智能的激发和训练。多元智能训练环境不仅可以促进人的多种智能协调发展，还有助于不同智能组合的生成。多元智能训练环境建设主要着眼于少年儿童综合能力的发展，通过搭建功能齐备的游戏活动场地，设计逻辑严谨的谜题，打造精巧的道具，将生活与学习中可能面临的各种困境尽可能"全面、真实、准确"地预置在体验式综合能力拓展游戏中，使少年儿童在其构建的多元智能训练环境里提升解决实际问题的能力。此举为促进少年儿童全面发展、适应社会环境提供重要支撑和保障。

多元智能训练环境里充满了大量困境，其中设定的谜题和障碍总是杂乱无章的，呈现无序的状态，各种问题叠加在一起，难分彼此。在这种无序的环境中，游戏者需要突破常规思维的桎梏，否则难以从中脱困。由此可见，游戏者在这里接受的考验并不像传统智力测验那样，总是以在非情景化的环境中运用语言和逻辑数学智能的具体情况作为衡量标准，来判断人们智力水平的高低，而是看重在现实生活中解决问题和创造产品的能力。基于多元智能构建的游戏训练环境能够很好地激发人的主体性，它鼓励游戏者大胆尝试，"在做中学"，从实践中积累经验，通过处理实际问题提升应用能力，并发现自身的强项与不足。

二、多元智能训练环境的构成要素

多元智能训练环境由 3 个基本要素构成，分别是谜题、道具和场地。围绕这 3 个要素进行精心的设计，会形成一系列的困境，而不同困境以某种形式交织在一起，最终在体验式综合能力拓展游戏的世界里构建出不同的多元智能训练环境。

（一）谜题

从广义上来说，谜题可以是任何解谜类游戏。用来构建多元智能训练环境的谜题要经过二次加工和改造，使它们之间建立各种潜在联系，并结合适当的道具和场地，使其相互交融形成一种困境，游戏者只有运用不同的智能组合才能进行破解。体验式综合能力拓展游戏的谜题与传统游戏中的活动、任务有很大区别，因为谜题并不是对传统游戏的简单拼接和借鉴，而是将各领域游戏元素进行重新整合的产物。谜题的相关信息往往是模糊的，缺乏明确的指示，需要游戏者自己去发现问题，思考下一步该如何行动。

体验式综合能力拓展游戏中的任何一个谜题都不是孤立的，它们以某种隐秘的方式建立链接，并依托相应的道具，嵌入整个游戏场地中，不易被人察觉。游戏者只有找到适当的切入点，将这些谜题逐个破解，才能进入下一阶段的游戏活动，否则会被困在原地，无法在规定的时间内逃脱困境。如果将体验式综合能力拓展游戏中每个谜题的游戏元素单独剥离出来，那么我们可能会对其非常熟悉，甚至十分擅长，但是当它们有机融合为一个整体，以另外一种方式重新出现在我们面前的时候，我们反而觉得有些陌生，甚至感到毫无头绪，手足无措。例如，走、跑、跳、投等基本动作，几乎所有的少年儿童在学校体育课上都有过接触。当这些基本动作与其他智能领域相关的游戏元素进行融合，改变了原本的活动方式时，很多人就会很不适应。因为惯性思维限制了我们的认知，严重影响了我们处理实际问题的能力。

传统的体育游戏和拓展活动，基本是为了强化某种技能或者锻炼某项素质而进行游戏活动设计，大部分游戏活动的形式非常单一，通常是对固定动作进行反复操作。体验式综合能力拓展游戏与之形成了鲜明的对比，游戏者在面对谜题时需要运用什么技能、发挥什么能力、采取什么策略和使用什么器械并不是固定不变的，而是以解决实际问题为前提进行自主选择。生活本就是问题叠加着问题，这些问题从不按套路出牌，毫无规律可言，随时随地会以人们意想不到的方式出现。体验式综合能力拓展游戏中的谜题是对现实生活中出现的各种困难和障碍的复刻，所有谜题只有一个任务，那就是"制造困境"。由各种谜题交织而成的困境可以锻炼人的多元智能，因此，在构建多元智能训练环境时，要重视谜题的设计。

（二）道具

道具是游戏活动得以实现的载体，它包括设备、器械和各种用具。体验式综合能力拓展游戏中的谜题只有依托相应道具才能更好地实现自身目的。在体验式综合能力拓展游戏的环境里，道具可能是一个完整的设备，也可能是被拆解的物品，需要游戏者根据活动要求对它们进行组合。例如，一根绳子和一块磁铁可以绑定在一起，让道具发挥出鱼竿的功能，用来获取距离较远的金属物品。随着体验式综合能力拓展游戏的更新换代，更多的声、光、电设备进入游戏，游戏方式变得多元化，大大激发了人们的参与兴趣。除此之外，日常生活用品被设计人员进行了二次开发，将其很好地融入了游戏谜题之中，需要游戏者打破常规思维，巧妙地利用生活中常见的工具，拓展想象力和思维能力。

在体验式综合能力拓展游戏的设计理念里，对选取的道具没有任何限制，只要做好安全防范措施，保证游戏者的生命安全，所有的东西都可能以某种形式出现在游戏之中。简而言之，就是"万物皆可用"。

（三）场地

场地是各类游戏得以顺利运行的物理空间。在创编游戏的时候，我们会根据游戏的目的和活动需要，选择合适的场地。传统游戏对场地的要求不高，只要在合理的范围内，能够布置活动所需的器械，就可以满足游戏的基本需要。由于场地与游戏活动之间的关系比较简单，很难为游戏增加更多的效果。与此相对，体验式综合能力拓展游戏的场地类型非常丰富。为了尽可能将游戏主题中的各种谜题还原到现实中，为游戏者提供高品质的游戏体验，设计人员经常会根据游戏的目的，或者特殊道具的需要，对场地进行大幅调整和改造。例如，将一个正方形的房间整体倾斜15°，让游戏者在房屋内部通过半圆仪和吊坠等道具来测量该房间的倾斜度数。因此，场地的选择一定要考虑到游戏谜题及其相关道具的特点，这样不仅能够使谜题更加完善，还可以提升谜题的表现效果。同样的场地上可能会搭配不一样的谜题和道具，或者类似的谜题和道具被设置在各式各样的场地中。总之，场地会随着游戏主题变化而变化，每个游戏主题会有其相对应的专属场地，让游戏者能够接触到各种类型的困境，在不同的环境中学会随机应变，促进智能的多元发展。

三、多元智能训练环境的构建

多元智能训练环境的构建是对游戏谜题、相关道具和场地等要素的搭配与组合。我们在创设多元智能训练环境的时候，应根据游戏目的对环境中的各要素进行调整，使其能够得到合理的配置，让游戏展现出不同的效果，这有助于打造出适用于不同人群的多元智能训练环境。

多元智能训练环境的构建分为两个阶段，分别是游戏主题设计阶段和游戏实体打造阶段。

（一）游戏主题设计阶段

游戏主题设计阶段的主要工作是根据游戏目的，从各智能领域的游戏素材中选出合适的游戏元素，并为这些元素搭配相应的道具和场地。该阶段游戏主题设计的质量会直接影响到多元智能训练环境的整体构建，因为主题设计对游戏中所有谜题、道具、场地及其他的配置方式做出了选择，这也决定了一个主题最终展现出的游戏效果。不同的游戏设计思路反映出设计人员对游戏的不同理解，很多人受到传统游戏活动模式的影响，会认为游戏就应该如此，设计出的游戏往往千篇一律。我们要知道，并不是任何游戏活动都可以激发人的多元智能，只有让游戏者身处较为复杂的环境之中，让他们面对实际问题，他们才有机会运用各种智能来应对困难和障碍，从而促进自身的全面发展。

经过多年发展，体验式综合能力拓展游戏已经发展出了一个独特的游戏模式，为游戏主题设计提供了全新的思路。该模式下的游戏活动目标只有一个，即突破困境。游戏将最终目标分解成多个谜题，然后把它们分散到各活动区域里，其中一些谜题的相关道具和活动方法被不同程度地隐匿起来，游戏者需要通过调动多种智能，从"无序"的游戏环境中寻找"有序"的解决方案。由图 2-1 可以看出，基于体验式综合能力拓展游戏模式创编的游戏呈现区域化的特征，其中每个区域都包含了众多的游戏元素，这些元素通过各种形式融合在一起，形成了大量的谜题。由不同游戏元素整合而成的谜题往往以"无序"的状态存在于各活动区域内，它们相互交织，构建出了一系列的困境。这对游戏者提出了较高的要求，需要他们在思考和处理问题的时候运用多种智能。因此，在体验式综合能力拓展游戏构建的特殊环境里，游戏者的各种智能会产生相互联系，并在其发展的过程中形成新的智能组合。

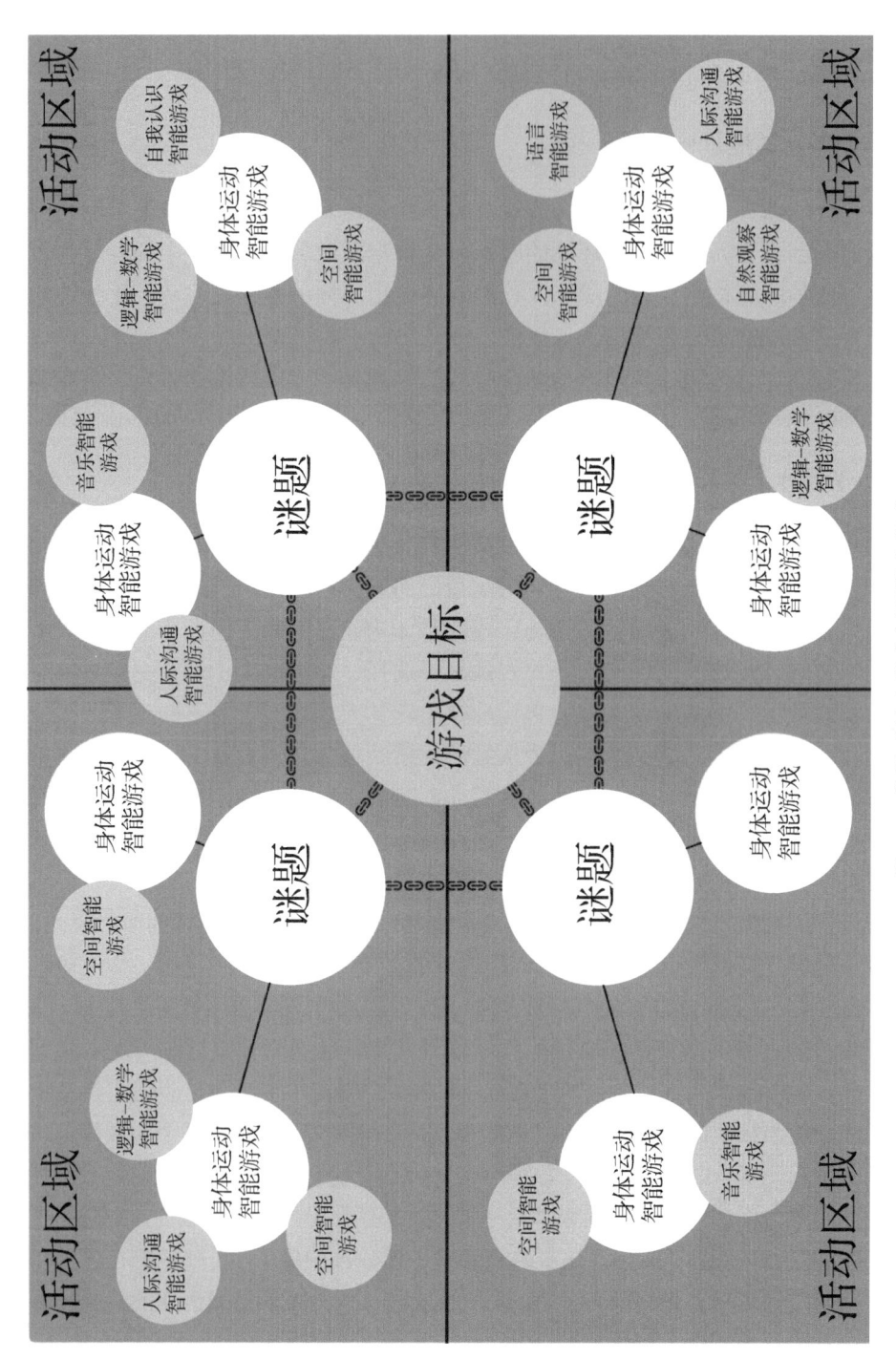

图 2-1　体验式综合能力拓展游戏模式

（二）游戏实体打造阶段

在游戏主题设计阶段，我们将一些游戏元素通过不同方式整合在一起，创编出所需的谜题，并搭配能够让这些谜题体现出更好效果的道具和场地，最终形成了一套完整的游戏主题设计方案。游戏实体打造阶段的工作则是对游戏主题设计的具体落实。在该阶段，需要根据既定的设计方案对所有的游戏谜题进行实体还原。若不能准确、恰当地安置相关道具，造成谜题与场地不相适应，游戏体验就会大打折扣。

在体验式综合能力拓展游戏进行实体建造的时候，我们要思考如何将游戏所涉及的各种道具合理地放置在活动区域里，做到场地和道具之间的相互协调，以提升游戏效果。例如，"激光阵"相关谜题要求游戏者通过镜子把激光反射到指定位置。在实体搭建该谜题的过程中，游戏区域里的激光灯数量、激光强度、激光经过的路径和激光感应器的位置等都需要根据场地的实际情况进行调整。对体验式综合能力拓展游戏的实体打造，并不是将其所需的相关道具和设备直接摆放在一个相对固定的活动场地上，而是要设法让它们融入承载游戏的物理环境当中。以"寻找钥匙"的谜题为例，根据谜题的设定，将一把钥匙藏于书桌内部。对该谜题进行实体打造的时候，首先要选择一张合适的书桌，然后在书桌内寻找一个合适的位置，最后要根据情况确定钥匙的摆放方式。如果把钥匙直接丢在书桌的抽屉里，或者放在一个容易找到的位置，那么该环节对游戏者的能力提升起不到任何作用。如果选择一把与书桌橱门上金属合页颜色一致的钥匙，然后将这把钥匙摆放在金属合页上，就能够让其达到很好的隐藏效果，从而可以通过该谜题来训练游戏者的空间智能。

第二节　体验式综合能力拓展游戏主题

一、体验式综合能力拓展游戏主题的含义

体验式综合能力拓展游戏主题是指设计人员在游戏环境中通过各种素材所表达的中心思想，它渗透、贯穿于游戏环境的全部内容，体现着设计人员的主要意图，也是游戏者在游戏环境中对主题所反映出的客观事物的基本认识、理解和评价。

体验式综合能力拓展游戏的主题所包含的活动内容十分丰富，它既不是一个

简单的游戏活动，也不是对几个独立游戏元素进行机械拼接的活动组合，而是由一系列谜题通过不同方式有机融合的游戏集合。通常一个游戏主题有多个游戏活动区域，每个活动区域包含众多游戏元素，这些元素以某种形式融入不同谜题之中，从而创建出各种各样的困境。这就是体验式综合能力拓展游戏与其他游戏的最大区别。传统游戏活动一般围绕较为单一的目标进行设计，游戏规则简单明了，让游戏者按照要求重复进行既定的活动内容，但是这类活动形式过于枯燥乏味。体验式综合能力拓展游戏对各类游戏活动资源进行了拆解和重组，并通过一条主线将不同类型的游戏元素进行再度整合，构建出一个复杂多变的游戏活动环境——多元智能训练环境。基于多元智能打造的游戏主题不仅大幅提升了游戏体验感，还可以让游戏者在处理和解决现实问题的过程中发觉自身潜能，促进多元智能的协调发展，提升人的综合素养。

体验式综合能力拓展游戏中的主题设计是对生活观察后的一种思考。其中，谜题的创意来源于生活，游戏的相关道具大多是生活中的常用物品，场地的搭建也在模拟现实生活中的场景。例如，模拟"水灾"的游戏主题——人被困在一辆汽车内，如何借助有限的道具逃生。体验式综合能力拓展游戏主题的创编要以生活为基础，以解决实际问题为目的。想设计出优质的游戏主题，一定要走进生活，从实践中寻找素材。

二、体验式综合能力拓展游戏主题的分类

体验式综合能力拓展游戏经历了近10年的发展，从之前比较单调的智力游戏，逐步发展成了一项综合能力拓展活动，由于游戏主题吸收融入了户外运动、休闲活动、智力游戏等多领域的元素，主题规模也随之扩大。我们可以从两个维度来解读体验式综合能力拓展游戏活动模式的发展阶段及其特点，一是技术，二是玩法，如表2-1所示。

直至今日，游戏主题的设计仍然会结合其各阶段主题设计的特点进行方案创作。目前，游戏主题中的内容涉及范围非常广泛，游戏者可以通过参与游戏发展多元智能，并提升自己的综合能力。因此，我们很难从游戏活动内容上对体验式综合能力拓展游戏进行准确的分类。为了便于读者理解游戏的主题设计，本书将依据游戏活动的推进方式对其游戏主题进行分类，这样就可以把体验式综合能力拓展游戏的主题分为两大类型，分别是困境逃生类主题和情节闯关类主题。

表 2-1　技术和玩法两个维度的游戏主题发展阶段及其特点

技术维度		玩法（体验模式）维度	
发展阶段	特点	发展阶段	特点
纸面解谜	仅靠纸面谜题和简单道具	解谜	主要体验解谜过程
机械化	引入传感器和电子机械机关	故事剧情	故事呈现，剧情推进
自动化	由中控系统进行控制和管理	半开放式	拥有一定的自由度，任务分配
智能化	拥有可穿戴感应装备，采用VR/AR[①]技术、人工智能相关程序和设备	开放式	开放环境，有充分的自由度，角色扮演，自主推动情节

（一）困境逃生类主题

困境逃生类主题主要以道具组合或环境变化为主线，将各类谜题进行有机融合，游戏者需要凭借敏锐的洞察力，发现环境中事物的细微变化，并设法收集有用的信息和道具，经过分析和判断后采取具体行动。该类主题经常要求游戏者在不断的试错中找到答案，最终将谜题逐一破解，从困境中成功走出。

（二）情节闯关类主题

情节闯关类主题在困境逃生类主题的基础上增加了一个维度，因为它融入了故事情节和人物关系，需要游戏者根据故事情节的主线来推动游戏的进程，并以故事情节为基础对环境中出现的各类谜题和道具进行分析与探讨。该类主题对游戏者的思维能力要求很高，要求他们对问题的判断不能局限于眼前的物品，需要理解游戏主题设定的故事情节，捕捉其中的重要信息，推理和判断游戏的主线任务。

理解游戏主题的分类方式，可以帮助我们在游戏主题方案创作中提升资源整合效率。此外，体验式综合能力拓展游戏面对的人群较为广泛，从3～6岁的幼儿到中小学生，直至中青年群体，都可以轻松愉快地参与其中并感受那份属于自己的独特体验。因此，设计人员在进行游戏主题活动方案策划的时候，必须考虑各类人群的身心发展特点，选择合适的主题类型，然后量身定制与其相适应的游戏活动主题。

---

① AR 的全称为 Augmented Reality，即增强现实。

三、体验式综合能力拓展游戏主题的设计原则

（一）健身性原则

不同类型的游戏主题包括不同的游戏活动内容，对游戏者身体各部位产生的锻炼效果不同，锻炼价值也不同，要根据各类人群的实际需求选择游戏素材，并进行合理搭配，使游戏者的身体得到全面发展。在设计体验式综合能力拓展游戏主题时，要根据少年儿童的生理特点，合理调节和安排运动负荷，使之取得较好的锻炼效果。调节游戏主题的运动负荷可采用增减主题中的谜题数量、提高或降低谜题难度、调整参与的组别及人数、合理安排活动及休息时间等方式。

（二）教育性原则

在设计游戏时，应注意通过游戏活动，使少年儿童在游戏中养成积极活动的习惯，调动他们的主动性和创造性，培养集体主义精神、不怕困难的坚强意志和机智勇敢的优秀品质。同时要重视对少年儿童的思想教育，强调团结友爱、相互协作的品德，以及勇于进取、奋勇拼搏的精神，等等。

（三）针对性原则

体验式综合能力拓展游戏中每个主题的侧重不同，而且每个主题中涉及的谜题也有不同的特点和目的，有的游戏以提高各种身体素质和掌握某项基本技术或技能为主要目的，有的游戏以发展和建立人的某些智能组合为目的。在设计游戏的时候，首先要考虑不同参与人群的特点和需求。例如，面对中小学学生群体设计游戏主题时，无论是游戏类型的选择还是内容的设计都要以学生的全面发展为基本出发点，在考虑学生的实际情况、生理特征、心理特征和对游戏的可接受性的基础上进行设计，并给予他们发挥主动性和创造性的机会。

（四）趣味性原则

趣味性是所有游戏的本质特征。传统体育课或者户外拓展运动的开展形式已经过时，内容枯燥、乏味，将从根本上失去对游戏参与人群的吸引力。在设计游戏主题时，要充分发挥游戏的趣味性，可以考虑选择一些内容形式新颖、挑战性强、富有趣味的游戏元素，并进行合理搭配和有机融合，这样可以对参与人群产生巨大的吸引力，引导他们全力以赴地参加活动。只有让参与人群产生兴趣且体

验感较好的游戏，才有可能达到预期的能力拓展效果。另外，要根据游戏参与人群的身心特点、基本素质、技术基础和能力水平，在游戏的竞争性、动作设计、谜题组合、通关难度及游戏故事情节等方面投入更多的精力。

（五）安全性原则

体验式综合能力拓展游戏中有一定的运动负荷量和危险性，在设计游戏主题时，一定要考虑各种安全因素，尤其是一些涉及机器设备和地形改造的谜题任务，必须确保产品的质量，使游戏在安全的环境中有序进行，并取得理想的效果。

（六）时代性原则

游戏的内容设计要反映时代特征和新的科学成就。游戏不但要使少年儿童达到锻炼身体的目的，而且要让他们学到新的知识，并将知识与现实生活相联系。要避免牵强附会和生搬硬套，把少年儿童的游戏变成知识教育课，也不能把过时的、陈腐的东西直接丢给少年儿童，游戏创编需要与时俱进，学会吸收和整合其他领域的新元素，与现代人的心智发展速度相适应。杜绝一款游戏常年不更新的情况，游戏的呈现方式要反映时代特点，新颖的内容可以激发少年儿童的好奇心，有助于发展他们的想象力。

此外，游戏素材筛选要符合全面发展的教育方针，游戏不仅要培养少年儿童爱国、爱人民、爱劳动和爱科学等优良品质，还要培养他们机智、勇敢、灵敏、果断的性格，以及勇于克服困难的精神和团队协作意识。总之，在创编游戏时要根据人群特点合理选择和搭配游戏元素，从而促进游戏者的身心全面发展。

四、体验式综合能力拓展游戏主题的设计步骤

（一）分析目标对象

人类从婴儿期到成年期，可以分为6个不同的年龄阶段，每个年龄阶段都有不同的身心发展特点。针对不同人群设计的游戏及其要求会有所差异，各年龄阶段的游戏也会存在不同的教育特点。

1. 学龄前儿童

学龄前儿童是指0～7岁的儿童。新生儿从降生那天起就具有游戏的先天条

件，即本能活动，巴甫洛夫学说称这些本能活动为无条件反射。

3个月以内的婴儿会做一些简单的身体动作，如微微活动手脚和用微笑来回应与他们说话的人。5~6个月的婴儿已经具备参与一些十分简单的游戏的能力，如在歌声或音乐伴奏下活动手脚，或者移动身体等。12~24个月的幼儿开始学说话，他们的肌肉活动发生了非常大的变化，能够做出很多简单的动作。这个阶段的幼儿在爬行方面已经非常熟练，并且开始练习走路。

学龄前儿童的游戏基本上是不会把游戏者分成小组来开展的，许多游戏和游戏方法是由儿童自己主动创造出来的。在这种游戏里，儿童常常是在观察和模仿周围环境中的人及事物。因此，让这个年龄阶段的儿童亲自拟定游戏的目的，要求他们表现主动、果断、机智、灵巧，并掌握正确的身体协调动作。

3~7岁儿童的脊柱的稳固性已经有所提高，特别是手腕骨化过程结束，自觉支配小肌群和大肌群的能力不断提升，做事更加协调，开始掌握跑、跳、投和接的基本动作。其中，6~7岁儿童的心脏发育比血管发育迟缓，支配心脏活动的神经兴奋性较高，心跳比成人快。如果游戏过于强烈，就可能造成心脏机能衰竭，因此，为促进儿童身体迅速且稳定地发育，要注意合理安排奔跑和跳跃的游戏，对于运动负荷的控制是非常重要的。

2. 学龄初期儿童

学龄初期儿童是指在7~8岁、9~10岁这两个年龄阶段的儿童。学龄初期儿童在身体发育上发生了许多变化。他们的肌肉力量和动作协调性开始发展，动作比学龄前儿童更加灵敏，并且在稳定性和准确性上也有不同程度的提升。但是他们的骨骼韧带系统还不是特别结实，单方面的负担和过分的肌肉紧张会对骨骼、韧带系统产生一些不良影响。此外，这两个年龄阶段的儿童的大脑皮质额叶开始发育，使他们表现自觉性动作的能力得到了强化，对事物的鉴别能力也增强了很多。

学龄初期儿童动作的灵巧性和准确性（如各种闪躲、对目标进行投准等）有很大程度的提高，对他们开展一些跑、跳、投、接类游戏及其他在动作性质上不同的游戏是很有益处的。但是，在游戏里对较长时间的静止用力、不停地跳动或者连续跳跃等活动必须加以限制。同时要经常进行一些活动性较大的、活动时间较短的游戏。

7~8岁的儿童好奇心强，喜欢对各种形象进行模仿，爱好戏剧性的动作，但是注意力还不够集中，很容易分散精力，因此游戏的规则不能太过复杂，要做到少而简单。9~10岁的儿童可以参加一些富有情节性的游戏，这些游戏对儿童想象力的发展大有裨益。

3. 少年期儿童

少年期儿童是指在11~13岁、14~16岁这两个年龄阶段的儿童。少年期儿童推理能力逐步提高，能够进行假设性思维。少年期儿童游戏的地位要比学龄初期儿童游戏的地位低很多。这是因为少年的兴趣逐渐转向各种学习、社会活动等，在各种身体运动性游戏中，适合少年阶段的游戏较少，主要集中在传统的体育游戏和户外拓展活动。不过当体验式综合能力拓展游戏出现之后，设计人员可以根据各年龄阶段人群的特点和需求，打造出适合他们的游戏活动。

11~13岁少年的游戏规则要比低年级儿童的游戏规则多而复杂。在游戏过程中面对各种困难时，游戏者要有较强的自制力和吃苦耐劳的精神。此外，在游戏主题方案设计中，比赛性和挑战性的游戏占比开始增加，而情节性的游戏逐渐成为辅助部分。14~16岁少年的游戏大部分具有一种专门训练的性质，它适合与个别运动项目的训练进行搭配，其中许多游戏已经逐渐成为竞赛性游戏。相较学龄初期儿童，少年期儿童的体验式综合能力拓展游戏不仅会增加身体运动相关活动的负荷量，还会调整很多游戏元素的组合方式以提升游戏难度，使其更加符合该年龄阶段游戏者的身心发展特点。

4. 16岁以上青年

16岁以上的青年时期是掌握各种活动的技术和战术的最有效时期。青年除对自己喜欢的竞赛性游戏进行专门训练外，还可以从事其他运动项目的练习。体验式综合能力拓展游戏能够为青年群体提供全新的游戏体验，可以帮助他们调节情绪、舒缓心情。

（二）明确游戏目的

在设计游戏主题的时候，首先要考虑游戏目的。虽然体验式综合能力拓展游戏主要是为了训练人的多元智能，但是每个游戏主题对智能组合的侧重有所不同。例如，在身体运动智能占比较高的游戏主题中，人的身体运动能力会得到很好的发展；而在各种智能较为均衡的游戏主题中，不仅可以提升游戏者的综合能力，还有助于他们发展出不同的智能组合。因此，我们只有明确游戏目的，才能更有针对性地选择素材和创编谜题，为不同人群设计出与之相适应的游戏主题。

（三）确定主题类型

确定主题类型是一个比较简单的环节，可以根据游戏目标群体的年龄、身体情况和心理特征等因素选择合适的主题类型。困境逃生类主题最为常见，它适用的人群较为广泛，因为在该类主题中，游戏者可以将一个道具作为起点，通过仔细观察和思考来判断该道具的功能与用途，然后经过不断地试错寻找破解问题的方法。与此相对，情节闯关类主题对年龄和知识储备有一定的要求，因为该类主题更多是基于困境逃生类主题的基本框架融入了故事情节，使某些谜题与社会情景相联系，有时会涉及一些文化因素，这对于年龄较小的儿童群体而言，游戏难度有所上升。

（四）选择游戏素材

主题类型确定以后，需要选择适当的谜题进行搭配，根据不同人群的需要和主题类型的特点，对谜题任务进行合理布置。尤其是涉及身体运动智能的谜题，一定要注意负荷量的调节，否则会影响游戏者的游戏体验感。

在设计游戏时，要清楚所选谜题的游戏目的，明确每个游戏环节的特点，对各领域游戏素材进行筛选，为谜题合理搭配游戏元素，根据游戏者的智力和体力基础调整谜题的难度及各类谜题之间的比例。例如，游戏主题面向3～6岁的儿童群体，就要根据这个年龄阶段儿童的身心发展特点，选用能够激发儿童潜能的游戏素材，为其打造较为轻松的游戏环境，制定难度较低的任务，鼓励儿童运用自身能力，尝试解决实际问题。

体验式综合能力拓展游戏的魅力是它开创性地将多领域的知识进行了有机融合，为游戏者打造了一个环境无限变化的空间，它在吸收传统各类休闲娱乐、体育健身和教育活动等领域的丰富元素后，又进一步提升了拓展游戏的维度，以构建各种困境为主要特征，促进游戏者多元智能的发展。从图2-2中可以看出，体验式综合能力拓展游戏的主题内容选择空间是非常广阔的，它涉及本书中介绍的8种智能，更重要的是，当这些不同领域的知识同时出现在一个游戏环境中的时候，对于游戏者而言，这已经不是传统意义上的益智游戏或者拓展运动，而是一个被模拟出来的小型社会。

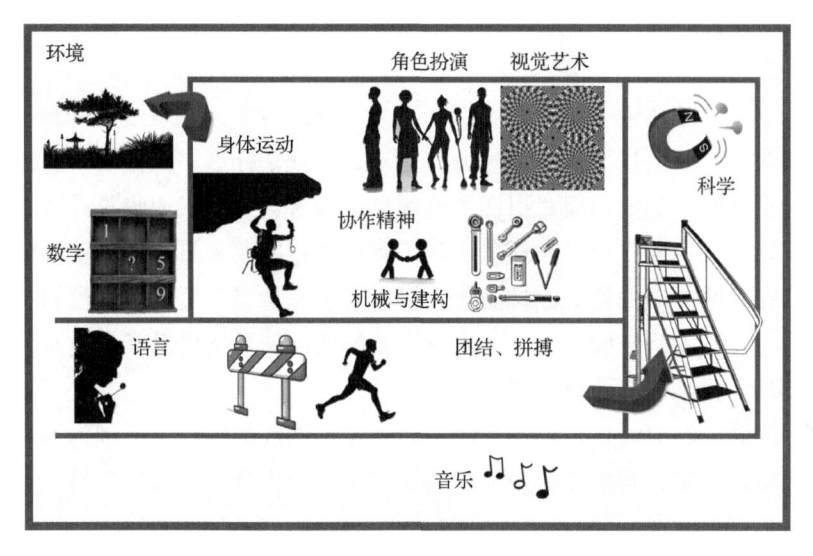

图 2-2　体验式综合能力拓展游戏的素材

将体验式综合能力拓展游戏所需的素材按照 8 种智能领域进行分类，并列举一些可以创编游戏谜题的素材，具体内容如下。

（1）身体运动活动领域游戏素材：田径类游戏、球类游戏（足球、篮球、排球等）、体操类游戏、武术类游戏、游泳类游戏等。

（2）机械和建构活动领域游戏素材：拆卸游戏、组装游戏、木结构游戏等。

（3）语言活动领域游戏素材：看图说话、讲故事、打电话、制作贺卡等。

（4）逻辑-数学活动领域游戏素材：测量、估算、称重、计时等。

（5）科学活动领域游戏素材：物理实验、化学实验、自然观察等。

（6）社会理解活动领域游戏素材：角色扮演、合作类游戏、对抗类游戏等。

（7）视觉艺术活动领域游戏素材：拼图游戏、图形符号识别、调色、卡片分类等。

（8）音乐活动领域游戏素材：乐曲识别、弹奏、制造简易乐器等。

（五）创编谜题

体验式综合能力拓展游戏并不是对传统游戏的简单拼接，而是在整合多个领域游戏元素的基础上，创建出由一系列谜题组成的困境的活动，这种困境就是多元智能训练环境的灵魂。因此，谜题的质量将直接影响训练环境的构建，我们在创编游戏谜题的时候，一定要关注两个重要的方面，一是谜题的隐秘性，二是谜题间的关联性。

（1）谜题的隐秘性。在体验式综合能力拓展游戏中，几乎没有谜题会直接告知游戏者应按照什么样的程序进行游戏活动。活动是什么、应该做什么都需要游戏者自己去探索。例如，面对拼图类谜题，游戏者会认为只要收集碎片后将图案复原就可以完成任务。但是在这里，我们可能会将图案信息分散到不同的木块上面，然后在某些木块的侧面涂抹隐形涂料或者夜光涂料，这些特殊涂料会构成另外一组信息，这才是破解该谜题的关键。要解决问题还须借助其他道具（紫光手电筒），或者将木块带到特殊区域等。

（2）谜题间的关联性。体验式综合能力拓展游戏的每个主题都为游戏者构建了一个环境，即多元智能训练环境。为了能够打造出这种特殊的环境，我们要设法把各种谜题关联在一起。例如，还是拼图类谜题，在谜题的隐秘性中已经提到，图案拼接完成后，需要借助道具来发现更加隐蔽的信息。这里首先要读懂复原后图案中的提示信息，猜测木块上有肉眼无法直接看出的东西，然后行动。我们可以把紫光手电筒与电池分离，并将其分散到各游戏区域中的其他谜题当中。例如，在游戏区域里准备一个钟表（内置一节电池），并且把这个钟表挂在高处；紫光手电筒可以直接摆放在明处，也可以将其锁在盒子中，只有破解相应的谜题才能获取。

下面提供了几种谜题创编方法，希望能够帮助设计人员创编出新的谜题。

1. 变化法

变化法指在各种游戏素材中选择一些易于变化的游戏，进行触类旁通、举一反三的改造，创编游戏谜题。例如，选择田径类折返跑游戏，在游戏者折返的路线上增加障碍，就可将其改造成一个折返障碍跑游戏；也可以让游戏者去指定地点搬运物品，变成负重折返跑游戏。

2. 叠加法

叠加法指通过在一个游戏活动中增加游戏环节来创编谜题。例如，在拼图游戏中，将拼图碎片分散到多个游戏区域，并在某些碎片上涂抹隐形涂料，这样游戏者不仅需要收集碎片，完成拼图，还需要寻找特殊的照明工具（紫光手电筒），只有这样才能完成游戏任务。从理论上讲，游戏环节是可以无限叠加的。密室逃脱类游戏的开山之作《深红色房间》，就是一个经典的多重谜题叠加案例。

3. 拆解法

拆解法指通过拆解现有的各类游戏活动的道具来获取新的谜题。例如，在儿童的"钓鱼"游戏中，儿童用带有磁铁的鱼竿吸附各种金属物体，可将磁铁和鱼竿分离，并将其融入其他游戏或道具之中。磁铁可以吸附在国际象棋的棋子底部，鱼竿可以替换成绳子、腰带等其他物品。

4. 组合法

这里说的组合不是对几个游戏活动的机械拼接，而是多个游戏进行交叉组合，相互串联，做到"你中有我，我中有你"。例如，将投掷游戏、渡河游戏、拆卸游戏和密码游戏交叉串联在一起，可以将投掷游戏的皮球放置在"河"对岸，过河使用的垫脚木板要从木板凳上获取，而且只有破译密码后才能拿到合适的拆卸工具。

（六）选择道具

关于道具的选择，首要考虑的就是安全性，因为体验式综合能力拓展游戏在发展过程中引入了大量的声、光、电和机械等设备，如果在安装和操作的时候出现失误，就会造成安全隐患。因此，要尽量选择安全性较高的设备，避免给游戏者造成身体方面的伤害。

游戏创编需要观察生活，尽可能从社会生活中寻找灵感，将日常生活中用到的各类用品和设备进行转化，融入游戏设计之中。几类常用道具如下。

（1）体育用品类：软箱、篮球、足球、排球、网球、皮球、爬梯、单杠、双杠、平衡木、弓箭、体操垫、瑜伽球、攀岩墙、弹力带、爬网等。

（2）生活用品类：镜子、磁铁、钟表、电池、海绵、塑料瓶、水壶、手电筒、书桌、椅子等。

（3）工具类：螺丝刀、扳手、锤子、钳子、铲子等。

（4）机械类：升降机、传送带、电动门、电磁锁、液压器等。

（5）感应类：镭射灯光感器、声控感应器、金属触碰器、触摸屏等。

无论选取的道具是日常生活用品还是来自某个领域的专业工具设备，都可以对其用途进行拓展。例如，镜子可以反射光线，使人们看到自己的形象，对于个人形象的整理非常有帮助。此外，可以利用镜子的照明特性增加光线的亮度，起到照明的作用。人们在生活中大多用镜子观察自己的外观形象，其实还可以通过调整镜子的角度去反射不同角度的光源，用来观察其他方向事物的情况，像潜艇上的潜望镜，就是通过两片镜子的连续反射观察水上的物体。又如拔河绳，我们在一个设计方案中发现了它的创新用法，就是使游戏者进入一个木质的空房子，房子下边安装了轨道，将一条拔河绳从木房子的墙壁上伸出，连接在外侧的水泥墙壁上，只要房间里的游戏者用力拉拽拔河绳，就能利用脚底与地面的摩擦力带动整个房间沿着轨道向前行驶，身处房间中的游戏者感觉自己一直在用力从房子的墙壁中往外拉绳子，当绳子拉到尽头不动的时候，房间已经到达了通道的尽头，与此同时，触发了相应的电源开关，自动解锁了木制房间的大门，当游戏者从房间中走出的时候，他们会有种穿越的感觉，因为之前就是从这个门进来的，但是再次出去时，外部的环境完全变了，这样的奇思妙想给人留下了深刻的印象。

智慧源于生活实践，体验式综合能力拓展游戏中的所有道具、场地和设备也全部来源于生活，这些普通的东西相聚在一起，为我们带来了无限可能，设计人员的各种奇思妙想就是从平凡生活中的点点滴滴逐步形成的。生活就是问题接着问题，不过解决问题的方法也蕴含其中，只要我们将思路打开，发展多元智能，将知识和技能融会贯通，总有一种方法帮助我们摆脱困境。

（七）拟订主题方案

体验式综合能力拓展游戏的主题方案需要在游戏过程中不断完善，要求设计人员在拟订游戏方案的时候，把谜题、道具、故事情节和游戏者行为等方面的信息进行分类备注，这样在游戏运行期间可以很好地对游戏各环节进行评价，以便后期调整游戏主题设计内容。

体验式综合能力拓展游戏以身体运动性游戏为基础，通过对环境进行优化，打造多领域学习区。该类游戏与传统的体育游戏和拓展运动区别很大，不能用简单的符号进行构图和编辑谜题任务，因为体验式综合能力拓展游戏的主题内容涉及多个智能领域的相关游戏素材，要想精准且直观地展现出一个完整游戏主题的设计方案，建议采用多栏式表格进行编写，如表2-2所示。

表 2-2　体验式综合能力拓展游戏主题方案

主题名称	古堡的秘密	活动区域	6 个	适用人群	10～16 岁少年儿童
主题类型	困境逃生类	游戏目的	训练身体运动智能、空间智能、人际沟通智能、语言智能		
游戏规则	60 分钟破解所有谜题				

活动进程	题目序号	谜题	场地/道具	游戏者活动	情节/任务触发
区域 1	谜题 1	寻找照明设备	手灯 1 个	寻找道具	……
	谜题 2	从房间墙壁上的三维图形中寻找密码线索	彩绘 1 张	辨识彩绘中的密码信息	……
区域 2	谜题 3	拉拽拔河绳，使整个房间向场地内部移动	拔河绳 1 根、轨道房间 1 个	拉拽拔河绳	房间移动
	谜题 4	寻找镜子	直径为 10 厘米的镜子 2 个	反射两束光线到指定位置	区域 3 的电动门开启
	谜题 5	双点激光感应开锁	镭射灯若干、激光触发器 2 个		
……	……				

活动区域设计图

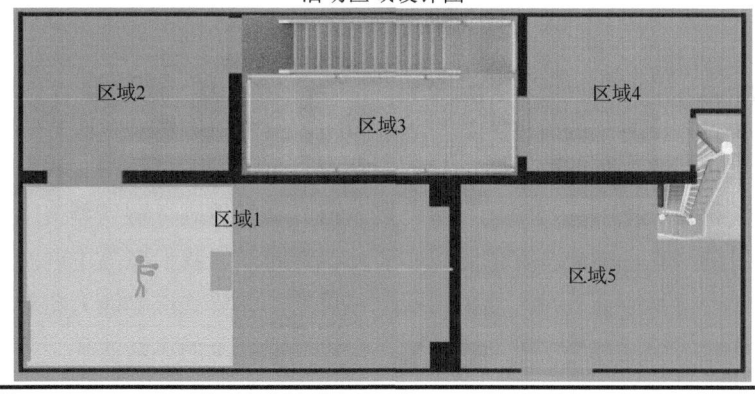

由表 2-2 可以看出，体验式综合能力拓展游戏主题方案包括主题名称、活动区域、适用人群、主题类型、游戏规则、游戏目的、活动进程、题目序号、谜题、场地/道具、游戏者活动、情节/任务触发、活动区域设计图等。这种多栏式表格的纵向能够体现出游戏的整体结构和进程，横向可以将游戏谜题、道具设备、游戏者活动及其行动后产生的相应变化等清晰地表现出来。这样的方案设计方式不仅可以帮助设计人员厘清思路，还可以在游戏现场协助他们记录游戏者在不同区域中的行为表现，为之后完善游戏主题设计提供便利。

关于活动区域设计图的制作，需要配合 Photoshop 软件和网络素材，必要的时候可以搭配 Stable Diffusion 或 Midjourney 等 AI 智能绘图软件辅助游戏创作。因为体验式综合能力拓展游戏中涉及的内容和素材十分丰富，形式多样，在绘制活动区域设计图的时候，我们愿意接受各种风格和样式的图纸，只要能够充分和直观地反映出主题游戏的内容与方法即可。这样不仅可以激发设计人员的工作热情，让其发挥天马行空的想象力，还有助于游戏理念的更新，发现更多的游戏活动手段或建构模式。

（八）实施方案

实施方案分为两个阶段，一是场地建造、环境布置和谜题设置，二是分组测试。

第一阶段的工作比较烦琐，是决定游戏主题质量的关键。这一阶段是将游戏从文字向实体转化的环节，只有对每个谜题任务做到充分理解，才能根据游戏场地进行合理的布置，因为体验式综合能力拓展游戏的特点就是信息的隐秘性，大多数谜题任务的信息需要游戏者凭借观察力和洞察力去寻找，如果在游戏建造过程中不能很好地对道具进行安装和布置，就会严重影响体验感。

第二阶段的工作是对主题游戏进行测试，包括每个谜题的可玩性、谜题和道具的契合程度、情节和场地环境的关联性等。另外，针对不同人群，要注意控制谜题的难度及身体运动性活动的负荷量。这一阶段的目的就是让游戏设计方案与不同人群进行接触，在他们试玩的过程中获得有价值的信息反馈。我们可以结合自己的观察和游戏者的反馈信息，对谜题、道具和场地进行适当调整或改换，也可以直接采纳游戏者的一些好的建议和想法。有时候，我们在与不同游戏人群的沟通过程中，很可能会迸发出新的游戏创编思路。体验式综合能力拓展游戏就是在一轮接一轮的反复打磨中不断完善的，最终完成自身的更新迭代。

（九）评价

1. 谜题的逻辑

无论是在困境逃生类主题还是在情节闯关类主题中，任何一个谜题在信息表达方面都不能出现文不对题、词不达意等现象。所有的谜题和道具机关之间一定要紧密连接，尤其是涉及故事情节的谜题，必须做到逻辑自洽。另外，不同谜题之间一定要做到自然衔接、有机融合，否则，这些谜题就会彼此分离，毫无逻辑意义，给游戏者造成极大的困扰。

2. 智能的比例

为了促进各种智能的协调发展,要按照合理的比例关系对不同谜题进行配置。游戏过度倾向于任何一种智能,都会导致游戏的可玩性和体验感下降。例如,涉及逻辑-数学智能的谜题过多,会把整个游戏变成一场数学测验;身体运动智能相关的谜题占比过高,游戏者进行的就不是综合能力拓展活动了,而是传统的体育运动。只有了解各种智能的特点,明确它们之间的关系,才能对各种智能领域的游戏资源进行合理的搭配与运用。

3. 道具的布置

关于场地设施的布置和道具的安装,一定要遵循安全性原则。因为体验式综合能力拓展游戏涉及声、光、电等各种机械和感应设备,尤其是电路的设计和重机械道具的安装,要严格按照设备的说明进行组装。此外,体验式综合能力拓展游戏对场地布局和环境美工等方面的要求较高,为了给游戏者营造出身临其境的感觉,谜题所需各种道具和场地必须做到自然融合,尽可能将生活中的各种境遇在游戏中进行还原。

第三章 体验式综合能力拓展游戏主题案例

> **章节导语**
>
> 本章将引入两个典型的体验式综合能力拓展游戏主题案例，并根据游戏活动推进的顺序对每个活动区域的游戏设定进行剖析，使读者能够深入了解体验式综合能力拓展游戏的设计意图、场地布置、谜题创编和道具使用方法等，对如何利用各领域游戏元素构建多元智能训练环境有较为全面的把握。

第一节 案例1：峡谷逃生

一、案例1的主题设计方案

案例1的主题设计方案如表3-1所示。

表3-1 案例1的主题设计方案

主题名称	峡谷逃生	活动区域	9个	适用人群	10～16岁少年儿童
主题类型	困境逃生类	游戏目的	训练身体运动智能、空间智能、人际沟通智能、逻辑-数学智能		
游戏规则	60分钟破解所有谜题					

活动进程	题目序号	谜题	场地/道具	游戏者活动	情节/任务触发
区域1	谜题1	投掷篮球	半块篮球场（周边被高墙围住）、篮球6个、木棍1根、围栏若干、密码锁1个	向1号篮筐投掷篮球	篮球通过轨道，滚落至区域2
	谜题2	精准打击（击倒纸箱）	纸箱4个（可以增加一些干扰物）	用篮球打击纸箱，寻找底部的密码	纸箱底部贴有密码或文字信息

续表

活动进程	题目序号	谜题	场地/道具	游戏者活动	情节/任务触发
区域2	谜题3	穿越激光阵	空旷房间、激光灯若干、报警器1个	穿过激光射线	触碰激光会引发警报
区域3	谜题4	激光导流	空旷房间、圆形镜子4面、双点激光感应器（同时触发）	分工协作，在观察激光位置的基础上，利用镜面反射原理，将激光导入指定区域	镭射激光等触发双点激光感应器，解锁地道门的电磁锁
区域4	谜题5	穿越地道	地道1个、手电筒2个、木箱1个	推动木箱，寻找出口	……
区域5	谜题6	人体电桥	长走廊、铁栅栏门、人体电桥机关1套、金属钥匙1枚、腰带1条、带电磁锁的盒子1个、磁铁1个	组成人体连接，形成完整的电路	解锁盒子
区域5	谜题7	隔栏取物		利用腰带和磁铁获取栅栏门外侧的钥匙	打开铁门
区域6	谜题8	攀岩	攀岩墙壁1个、拔河绳1根、篮球若干（根据情况调整篮球数量）	攀岩翻越墙壁	……
区域7	谜题9	渡河	梯子1个、弓箭（弓1把、箭5支）、人工河流、视觉图1张、密码箱1个、压力感应器3个	利用梯子架桥，分辨图案中的数字信息，最后使用弓箭射击特定感应区域	解锁大门
区域7	谜题10	观察视觉图			
区域7	谜题11	拉弓射箭			
区域8	谜题12	收集篮球、测试心率（110～120次/分）	篮球若干（根据情况调整篮球数量）、心率测试仪1个、电磁锁1个	尽快收集散落在地面上的篮球；让心率达到规定数值	解锁大门
区域9	谜题13	腾空探宝（获取高处的篮球）	篮球若干（根据情况调整篮球数量）、蹦床1个	利用蹦床获取高处的篮球	……
全区域	谜题14	回收篮球	篮球、篮球架	将篮球运送回区域1，并投入2号篮筐	游戏结束

续表

活动进程	题目序号	谜题	场地/道具	游戏者活动	情节/任务触发

活动区域设计图

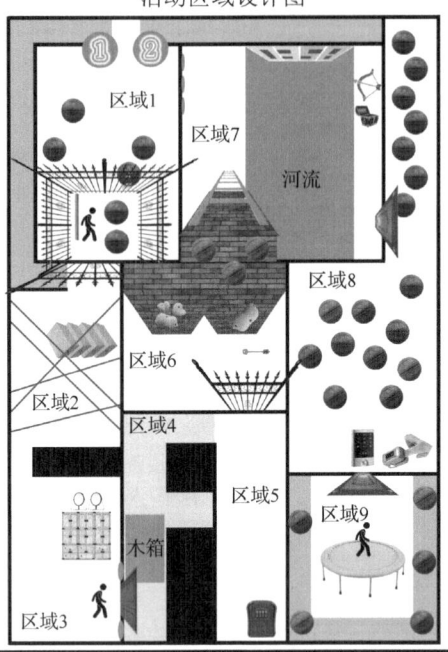

二、案例1各区域游戏解析

按照游戏的推进顺序，对该案例进行全面剖析。

（一）区域1

场地/道具：半块篮球场（周边被高墙围住）、篮球6个、木棍1根、围栏若干、密码锁（机械锁或电子密码锁）1个、纸箱4个。

谜题：投掷篮球、精准打击（击倒纸箱）。

定点投篮是篮球运动中最基本的一项技能。在传统的投篮游戏中，游戏者要遵守一些明确的规则，如对进行投篮的时间、次数等进行限制。投篮运动的目的也比较单纯，就是尽可能多地将球投进篮筐。在体验式综合能力拓展游戏中，定点投篮只不过是游戏者在前往最终目的地过程中遇到的一个小任务，该任务的完成会自动推动游戏进入下一个环节，游戏者还要根据场地上的变化思考接下来的行动。

　　游戏一开始，我们先观察区域1的布局。游戏者被限制在篮球场中间一个固定的区域内，围栏内放置了4个篮球和1根木棍，围栏外还有2个篮球，但是凭借游戏者自身胳膊的长度难以获取这2个篮球。围栏区域的一个侧面正对篮板，在它对面的围栏上有1个密码锁，透过围栏看到不远处摆放着4个纸箱，距离同样超过了游戏者手臂能够触及的范围。这是我们能够在区域1中发现的所有信息，游戏者需要从眼前的道具和场地中收集可以用的信息，并思考下一步该如何行动。

　　不要急着阅读后面的谜题解析，给自己几分钟的时间，根据活动区域设计图中的场景，尝试在脑海中模拟出这个游戏。如果参与游戏的人是你，那么你能否顺利突破困境？

　　游戏者通过篮球、篮板这些道具，可以判断出这个环节的游戏一定与投篮运动有关。游戏者还会发现，篮圈下边的网子与一个通道连接，根据初步判断，篮球入圈后应该会沿着通道滚落到某处。第一步就是尝试将一个篮球投进篮筐，接下来观察环境中的变化。

　　当篮球被成功投进篮筐后，篮球会沿着场地左侧的管道滚动，最后会出现在游戏者被困区域的后方。篮球出现在这个位置意味着什么？它能够给自己提供什么帮助？

　　游戏者想要离开区域1，必须获得密码锁的密码信息，而在这个区域的周围，能够找到的唯一有可能附带密码信息的地方就是区域2中的4个纸箱。在区域1中投进的篮球会自动滚落到游戏者和4个纸箱之间的位置，这就暗示着下一步要进行的活动——用篮球击打纸箱。

　　游戏者可以尝试用篮球将其中一个纸箱击倒，确认自己的判断是否正确。当区域2中的纸箱被成功击倒后，游戏者可以从纸箱的底部找到密码信息，通过密码打开区域1的铁栅栏门，进入区域2。但是，从现实情况来看，想顺利完成这个任务并没有那么容易，因为没有人能够100%将区域1中的篮球全部投入篮筐中，也就意味着他们用来击打纸箱的篮球数量可能是不够的，一旦投掷出去的篮球砸在篮筐边缘被弹飞到场地四周，就会引发新的问题，即如何再次回收篮球。在游戏进行的过程中，游戏者便会发现那根木棍的用途，通过木棍可以将没有命中篮筐而散落在场地上的篮球进行回收。

　　游戏者发现篮球可以被反复回收，他们会认为游戏就这样进行即可，但其实当游戏者用木棍将围栏外侧篮球拨回自己身边的时候，他们通常会拿起篮球，起身后将手中的篮球向上方抛出，通过对抛球角度的调整，让篮球重新落回到围栏内部。这一个环节非常简单，但是如果游戏者对高抛球没有更多想法，就会错失一个处理问题的捷径，那就是走到身后的那个围栏旁边，使用同样的方法将篮球向外侧抛出。游戏者可以进行分工协作，一个人抛球，一个人接球，这样的操作可以绕开投篮环节，节省大量时间。

解决问题的方法并不是固定不变的，只要善于观察、发挥想象力，就能在不经意之间发现新的路径。体验式综合能力拓展游戏中的谜题通常会隐藏很多与其活动相关的信息，目的就是为游戏者提供更多锻炼智能的机会。游戏者需要认真观察周边的环境，对道具和场地等因素进行分析与判断，思考下一步该如何进行。从区域1的谜题中可以看出，它与传统的投篮运动等游戏形成了鲜明对比，活动的效果具有综合性特点。游戏者在处理问题的时候，需要调动更多的智能，在反复练习的过程中，这些智能相互配合，有助于形成多种智能组合。

游戏区域1和区域2中的谜题并不是对游戏活动的机械排列，而是通过加入围栏，对游戏活动区域进行局部改造，把投准游戏中所需的道具隐藏到了投篮游戏当中，让谜题相互关联，构建出了一个微小的多元智能训练环境。在这里，被整合后的游戏谜题涉及很多身体运动，如投篮运动、借助道具回收篮球、反手抛球、直线扔球等。除身体运动智能和空间智能外，我们还启动了人际沟通智能和逻辑-数学智能，因为要追求时间上的突破，团队成员必须通力协作，根据谜题的具体情况进行分工，发挥出各自的强项，以提升处理问题的效率。与此同时，游戏者的观察力和联想能力都得到了一定程度的提升。

（二）区域2

场地/道具：空旷房间、激光灯若干、报警器1个。

谜题：穿越激光阵。在不触碰房间激光射线的情况下，从房间的一边走到另一边。如果游戏者不小心碰触到了任何一条激光射线，房间内的报警器就会自动响起。

穿越激光阵这个谜题可以对游戏者的敏捷、柔韧和协调等身体素质进行锻炼。另外，敏锐的观察力也是必需的，因为在穿越激光阵之前，首先要观察这些激光射线的位置，然后选择穿过激光阵的最佳路线。

在这一环节，我们可以根据不同年龄段游戏者的身体特点，对激光器的数量进行调整，或者改变激光器的位置和角度。另外，由于激光射线在不同的光照条件下会呈现出不同的效果（环境亮度越高，激光越不容易被发现；在昏暗的环境下，激光射线会格外清晰），可以通过调节房间的照明设备来改变游戏的难度。

穿越激光阵这个谜题主要是考验人的身体运动智能和空间智能，不过在此基础上对其所处环境中的道具或场地进行简单的改动，便可提升游戏环境的复杂程度。例如，给激光灯设置时间，让一些激光射线时隐时现，此时需要游戏者对这些激光射线消失的时间做出判断。这样就为游戏者增加了有关逻辑-数学智能方面的考验。

（三）区域3

场地/道具：空旷房间、圆形镜子4面、双点激光感应器（同时触发）。

谜题：激光导流。

游戏者在区域3要先找到4面圆形的镜子，通过镜面反射原理，将区域2中的激光导入区域3中，并设法调整光线的照射位置，让两束激光同时击中地道入口处的双点激光感应器上，从而触发开锁机关，最终将地道门打开。

游戏者要返回区域2，观察和寻找位置合适的激光射线，同时，要在区域3中选择合适的位置来接引激光射线。行动方案确定后，游戏者需要分组行动，通过镜子将激光射线反射到区域3中的双点激光感应器上。该谜题的重点是双人小组协作，难点在于游戏者如何让自己的身体在一定的时间内保持稳定。如果身体晃动，激光反射就会偏离目标位置。

激光导流这个谜题不仅可以考验人的心态、身体稳定性和团队协作能力，还要求游戏者对光的反射等相关物理知识有一定的了解。一个看似并不复杂的游戏活动涉及身体运动、空间、语言和人际沟通等智能。

区域2中的穿越激光阵和区域3中的激光导流这两个谜题，展示了体验式综合能力拓展游戏中的谜题是如何相互交织的，并搭配场地形成多重困境。这个谜题的起点就是光的反射，只不过在游戏设计的时候，对激光射线的位置进行了调整，将它们与双点激光感应器分别安置在了两个区域。这种利用场地对相关道具进行分散布局的方式，不仅可以改变原本游戏的难度，还能够借助地形或者其他道具创编出新的谜题。这些谜题及其游戏元素相互依赖，互为条件，通过各种形式融合在一起，形成了一个复杂的游戏环境。

（四）区域4

场地/道具：地道1个、手电筒2个、木箱1个。

谜题：穿越地道。

区域4是一个高度不超过1米的地道，需要游戏者爬行通过。游戏者可以从地道口找到2个手电筒，借助手电筒进行照明。

游戏者进入地道后，会发现地道内部有一个表面光滑的正方形木箱。木箱的尺寸略小于通道，但是大于地道入口，因此不可能将其从地道中取出，只能让它在地道内部移动。当游戏者推动木箱向前移动一段距离后，会发现地道的旁边出现了一个隐藏的空间，正好能够容纳一个成年人。这个时候，木箱已经被推至地道的尽头，继续用力也无法将其推动，说明木箱的另一边被地道的墙壁顶住了。这就需要游戏者根据现场有限的信息进行推理判断，接下来该如何行动。

破解这个谜题不难，只要稍加观察，便可发现其中的端倪——地道中多出一个空间，这就是破解谜题的关键所在。一名游戏者可以尝试躲进这个隐藏的空间，让其他人把木箱往后拉，当木箱移动回去后，前面的游戏者重新回到地道的主通道中，就可以发现出口了。这个谜题在传统推箱子游戏的基础上对场地进行了改造，使其从一个普通游戏活动转变成了一个困境。游戏者在这里可以得到身体运动智能、空间智能和人际沟通智能等多个方面的训练。

（五）区域5

场地/道具：长走廊、铁栅栏门、人体电桥机关1套、金属钥匙1枚、腰带1条、带电磁锁的盒子1个、磁铁1个。

谜题：人体电桥、隔栏取物。

区域5的场地环境十分简单，只有一个空荡荡的走廊，在其尽头是一个铁栅栏门。在铁栅栏门外侧1.5米处的地板上有一把金属钥匙。游戏者只有拿到这把钥匙，才能打开铁栅栏门，进入下一区域。

在这里，游戏者一般会思考能否借助某种物品或者道具来帮助自己触及更远的距离，因为金属钥匙的位置已经远远超出游戏者自身胳膊或腿能够到达的范围。游戏者环顾四周，只发现了一个带电磁锁的盒子（固定在走廊的另一端），很可能所需的关键道具被锁在其中，只有设法打开盒子才能继续游戏。我们可以把如何连接电路的相关提示信息直接提供给游戏者，如将印有文字说明的提示卡放在走廊里；还可以在墙壁上标注出正负极符号，暗示游戏者需要连接电路的正负两极等。这个谜题考验的是游戏者对空间距离的理解，以及对身体的控制。此外，还需要他们具备一定的身体柔韧性。总之，人体电桥这个谜题需要游戏者通过身体尽可能连接出一个较长的长度，可能需要有的成员单腿站立并向前倾斜身体，一手拉住前方队友的手,另外将自己的一条腿向后伸展,以便后面的队友能够抓住,这样就大大延长了小组连接的长度,以便两端的人员同时触碰到电源的正负极,以形成完整的电路。

当人体电桥搭建完毕后,带电磁锁的盒子会自动弹开,游戏者从里面获得腰带和磁铁(磁铁是必需的道具,腰带可以替换成其他物品,如绳子、丝带、围巾等)。游戏者将磁铁吸附在腰带扣上,像钓鱼一样隔着铁栅栏门拿钥匙。由于距离比较远,对于不同身高的游戏者而言,可能会采取不同的动作去完成这个任务。

区域 5 中的两个谜题涉及的智能有身体运动智能、空间智能、逻辑-数学智能和人际沟通智能。

(六)区域 6

场地/道具:攀岩墙壁 1 个、拔河绳 1 根、篮球若干(根据情况调整篮球数量)。
谜题:攀岩(翻越墙壁)。

区域 6 的谜题任务比较简单,即徒手攀爬墙壁,然后到墙壁的另外一侧继续后面的游戏。每名游戏者都可以通过自身的力量轻松翻越墙壁,也可以先让一人攀爬上去,利用上面固定好的拔河绳将后面的成员拉拽上去。当游戏者爬上墙壁的时候,会发现上面的平台上有几个篮球,在游戏一开始发布相关任务的时候,要求游戏者在后续的各个游戏区域中收集大量篮球,并将其运送至区域 1,最后把它们投入 2 号篮筐中。在这里,游戏者需要思考,是继续完成下边的任务,还是兵分两路,让其中一部分人先将这几个篮球运回指定区域。因为游戏对时间提出了要求,用尽可能少的时间来突破困境,或者在限定的时间内对游戏总体完成度进行评测。游戏者需要根据现场情况做出合理的判断,尤其要对时间进行把控,只有分工明确才能提高效率。

攀岩这项运动通常被视为一个很普通的拓展活动,但是将其融入体验式综合能力拓展游戏以后,它能够发挥出更大的作用。从整个游戏主题划分的活动区域来看,攀岩墙壁不仅为游戏者提供了一项能够发展运动智能的谜题,还给游戏最后的篮球搬运环节增加一层障碍。这种设计就是对困境进行叠加,使谜题相互交融,有助于构建出更为复杂的多元智能训练环境。

(七)区域 7

场地/道具:梯子 1 个、弓箭(弓 1 把、箭 5 支)、人工河流(可以用软箱来搭建河流的两岸，模拟河流，注意河流的宽度要小于梯子的长度）、视觉图1张、密码箱1个、压力感应器3个。

谜题：渡河、观察视觉图、拉弓射箭。

游戏者在攀岩墙壁的另一侧可以顺着梯子下来，然后进入游戏区域7。在这个区域的正中央有一条河流（可以是一个注满水的水池，也可以改用塑料球将池子填满），此时，游戏者需要寻找渡河的工具。其实，眼前的梯子就是一个不错的选择，可以将其放平，然后架在河流的两岸形成一个简易的独木桥，也可以把梯子改换成木板、平衡木等其他类型的物品。

游戏者渡河的时候会看到墙壁上有一个视觉图（可以是三维视觉效果图，也可以是各种图形拼接的图案，还可以是色盲侧视图等）。该谜题对人的视觉艺术能力有一定的要求，需要游戏者从图中发现隐藏的信息，否则会影响后续的游戏任务。

游戏者成功渡河后，使用图片里的密码信息打开河对岸的密码箱，然后取出弓箭（根据游戏者的身体素质情况，可以调整弓箭的规格、箭支的数量等），朝着河对岸墙壁高处安装的标靶射箭（标靶的内部有压力感应器，可以设置成顺序感应，也可以不按顺序）。当所有的压力感应器被弓箭击中后，通往区域8的大门会自动解锁。

关于拉弓射箭这个游戏环节的设计，我们可以对标靶的高度进行调整，将其设定在游戏者通过原地起跳就可以碰触到的位置。因为游戏者在拉弓射箭的时候，有些箭支会反弹然后掉落到河里。虽然游戏者可以通过移动梯子的位置去河里回收箭支，但是这样会消耗大量时间。游戏者也可以采取其他方法来完成此任务。例如，手握箭支，走到河对岸标靶的正下方，通过原地起跳，用箭支的头部去戳标靶中心位置的感应区，这既考验游戏者的爆发力，又训练精准度。

搭桥渡河、拉弓射箭、观察图片等游戏活动，在传统体育游戏或拓展活动中，一般是单独开展的（即便有时候会对一些游戏进行组合，但也是按照顺序进行活动，活动之间并没有达到真正意义上的融合），主要针对人的单项素质和能力进行提升。在体验式综合能力拓展游戏中，我们对这3个独立游戏活动的元素进行了拆解和再度整合，使其成了一个有机的整体，各游戏元素之间相互串联，在游戏的局部区域共同搭建出了一个小型的多元智能训练环境。游戏者在这个游戏环节需要运用空间智能、人际沟通智能和身体运动智能来克服困难，在他们处理实际问题的同时，不仅促进了相关智能的发展，还为其形成智能组合提供了训练环境。

（八）区域 8

场地/道具：篮球若干（根据情况调整篮球数量）、心率测试仪 1 个、电磁锁 1 个。
谜题：收集篮球、测试心率（110～120 次/分）。

区域 8 里有非常多的篮球，游戏者需要将其搬运回区域 1，然后把所有篮球投掷进 2 号篮筐。面对这一关卡，游戏者需要考虑如何能够更快地收集散落在场地上的篮球。游戏者可以分别站在几个重要的位置，然后进行传接球，这样不但可以节省体能，而且可以提高球的回收效率。与此同时，在对篮球运输的过程中，游戏者会承受一定量的运动负荷，当心率达到要求时，便可解锁下一个游戏区域的大门；也可以当其中一名游戏者心率达到规定值的时候，立刻让他通过心率测试进行解锁，这样能够尽快了解下一个区域的具体情况，有助于团队调整行动策略。

此时已经接近游戏的尾声，在这个阶段，游戏者的体能开始下降，因此团队能否合理分工、节约体能将会影响最终的成绩。在这里，我们把剩余的篮球分别放置在了两个区域内（区域 8 和区域 9），并搭配了加速体能消耗的游戏谜题，目的是让游戏者在发展身体运动智能的同时，尝试运用其他智能进行辅助，以提升处理问题的效率。这样的谜题设计，除考验游戏者的身体运动智能和人际沟通智能外，还锻炼了他们的逻辑-数学智能。

（九）区域 9

场地/道具：篮球若干（根据情况调整篮球数量）、蹦床 1 个。
谜题：腾空探宝（获取高处的篮球）。

在区域 9 中的任务是收集更多的篮球，此环节的游戏是区域 8 中谜题的延续。这需要游戏者具备较好的耐力和力量，因为首先要通过跳跃获得所有摆放在高处的篮球，然后要把篮球全部带回到游戏的起点。最后这个环节的谜题将全部游戏区域重新串联在了一起，为游戏者创建了一个非常复杂的游戏环境。

由于在返程时会携带大量物品，团队行动前需要对每处障碍进行分析，以提升任务完成的效率。例如，如何更高效地将大量篮球从地道的一边运送到另外一边。因为地道中的箱子把这个地带分隔成了两个小空间，而且中间还有一个特殊区域，游戏者需要根据这个空间的大小，对每次运送多少个篮球进行估算（逻辑-数学智能是必不可少的）。在游戏进行的过程中，成员之间需要进行大量的语言沟通，人际沟通智能发挥了巨大作用。

当游戏者把所有篮球搬运回区域 1 的时候，游戏就到了最终阶段。只要将所有篮球精准地投入区域 1 的 2 号篮筐中，游戏便可结束。

该游戏主题案例中的 9 个活动区域并非独立存在于游戏之中，它们彼此之间紧密相连。区域 1 和区域 2 中的谜题相互融合，在局部构建了一个小型的多元智能训练环境；区域 2 和区域 3 共同构筑的训练环境是基于谜题相关道具与场地的合理搭配；区域 4 中的谜题主要是借助特殊的地形，创建出一个微型的训练环境；区域 5 和区域 6 同样是借助谜题之间的融合来完成环境的打造；区域 7 中的谜题通过环环相扣、相互交织，完成了游戏环境的构建；区域 8 和区域 9 中的谜题将所有的游戏区域串联在了一起，形成了一个较大范围的多元智能训练环境。从各种训练环境的创建中，可以看到各种谜题的创编及其道具与场地的搭建，让大家对游戏困境的设计有了进一步认识,能够深刻理解体验式综合能力拓展游戏模式，并在此基础上创建适用于不同人群的多元智能训练环境。

第二节　案例 2：携手并进

一、案例 2 的主题设计方案

案例 2 的主题设计方案如表 3-2 所示。

表 3-2　案例 2 的主题设计方案

主题名称	携手并进	活动区域	5 个	适用人群	10～16 岁少年儿童
主题类型	困境逃生类	游戏目的	训练身体运动智能、空间智能、人际沟通智能、语言智能、逻辑-数学智能		
游戏规则	60 分钟破解所有谜题			
活动进程	题目序号	谜题	场地/道具	游戏者活动	情节/任务触发
区域 1	谜题 1	古诗的秘密 1	文字卡 1 张、密码盒 1 个、钢珠若干、电池 2 节、木箱 1 个、夜光涂料、栅栏门 1 个	寻找文字卡中的古诗，根据诗歌文字的排列规律，推理密码信息	解锁密码盒，将里面的钢珠传递给区域 3 中的游戏者
	谜题 2	拆卸木箱		从区域 3 中的游戏者那边获取螺丝刀，用其拆卸木箱	将木箱中的电池传递给区域 3 中的游戏者

续表

活动进程	题目序号	谜题	场地/道具	游戏者活动	情节/任务触发
区域2	谜题3	解读隐形符号		当房间的灯熄灭后，游戏者观察墙壁上的夜光涂料，从中寻找隐藏的密码信息	与区域3中的游戏者分享密码信息，双方最后在区域2会合
	谜题4	观看投影	镜子1个、投影仪1个、电源开关1个	区域1和区域3中的游戏者经过几轮物品传递，最终通过遥控器打开区域2中的投影仪	区域3中的游戏者观察投影中的影像信息
区域3	谜题5	古诗的秘密2		从文字卡的古诗语句中寻找规律，推理隐藏在文字中的数字密码信息	获得磁铁笔
	谜题6	"钓鱼"	文字卡1张、密码盒1个、磁铁笔1支、遥控器1个、螺丝刀1把、台灯1个、橱子1个、钥匙1把、栅栏门1个	把磁铁笔拆解成若干磁铁块，结合区域1的游戏者传递过来的钢珠，自行制作"鱼竿"，从橱子中获取钥匙	将橱子中的螺丝刀传递给区域1中的游戏者
	谜题7	观看投影		观察区域2投影，从中获取区域4和区域5的门禁密码信息，关闭区域1中照明设备的提示	设法关闭区域2墙壁上的开关
区域4	谜题8	河中取物	瑜伽块若干、塑料管零部件若干	给另外一个区域中的游戏者传递塑料管零部件	……
区域5	谜题9	组装零件	平衡木3个、塑料管零部件若干	组装塑料管零件，用它关闭区域2中的开关按钮	关闭区域1的灯光

活动区域设计图

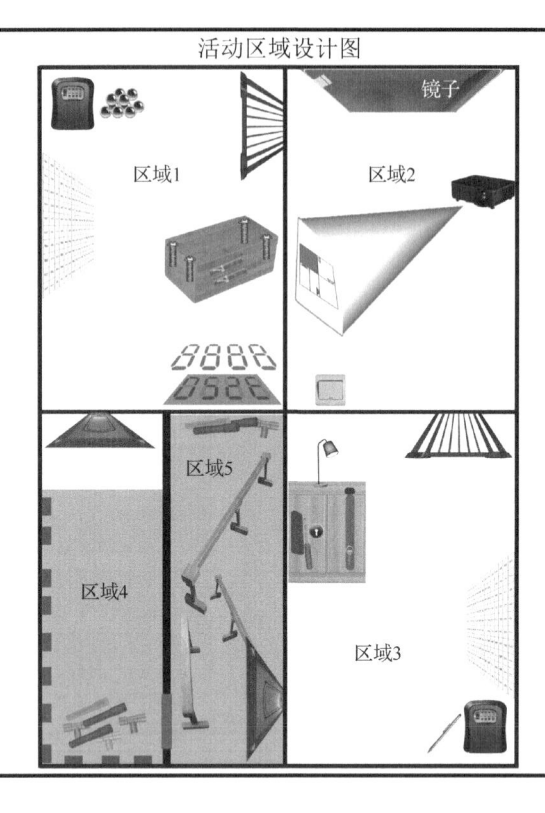

二、案例2各区域游戏解析

在"携手并进"游戏主题中,把两组游戏者分隔在不同的区域中,他们只有通力合作,才能顺利完成游戏。按照游戏的推进顺序,对该案例进行全面剖析。

(一)区域1

场地/道具:文字卡1张、密码盒1个、钢珠若干、电池2节、木箱1个、夜光涂料、栅栏门1个。

谜题:古诗的秘密1、拆卸木箱、解读隐形符号。

区域1和区域3的游戏是同步进行的,两个区域中的谜题环环相扣,任何一边的游戏者都无法独立破解各自区域中的谜题。第一个谜题是将密码信息隐藏在了文字卡中,只要游戏者认真观察文字卡中的信息,很快就可以发现其中的秘密。文字卡中古诗诗句的文字所处位置是破解谜题的关键,它们首尾相连,组成了不同的数字（图3-1）。这里不仅考查游戏者的语言智能，还考查他们的空间智能和身体运动智能。

人	口	手	足	大	小	多	少	天	第
冲	入	盒	眼	米	比	口	上	下	雨
名	春	眠	不	有	明	月	公	平	和
任	鼻	目	觉	举	头	望	敬	业	谐
和	之	月	晓	人	之	初	令	一	统
声	闻	处	处	如	春	风	似	剪	刀
前	啼	星	斗	二	月	苦	辛	皆	国
后	鸟	乱	饭	做	跑	跳	投	粒	家
进	夜	来	风	雨	滴	禾	下	粒	三
远	生	学	左	声	汗	传	土	餐	字
入	从	的	右	花	午	习	谁	中	五
风	法	饿	足	落	当	要	知	盘	经
雾	好	坏	就	知	日	禾	锄	四	八
啊	看	了	吗	多	二	三	悯	农	录
吧	你	我	它	少	静	夜	思	七	六

名	日	照	香	有	明	月	公	平	和
任	炉	目	鼻	举	头	望	敬	业	谐
和	生	月	之	人	之	初	令	一	统
声	紫	烟	遥	如	春	风	似	剪	刀
前	斗	星	看	二	月	苦	辛	皆	国
后	饭	乱	瀑	做	白	跳	投	粒	家
进	前	挂	布	雨	日	禾	欲	楼	层
人	川	手	足	大	依	多	穷	天	一
玩	飞	算	力	午	山	餐	千	市	上
远	流	法	的	当	尽	传	里	目	更
入	直	天	九	花	黄	习	冰	球	五
风	下	饿	落	日	河	要	洞	糖	经
雾	三	坏	河	知	入	霞	该	四	八
啊	千	了	银	斗	海	三	悯	农	录
吧	尺	疑	是	春	流	夜	思	七	六

图3-1　文字卡中的隐藏数字

区域3中的游戏者会以同样的方法破解谜题，然后双方通过信息交流，交换从各自区域中获得的物品。首先，区域1中的游戏者要把密码盒中的钢珠传递给区域3中的游戏者，帮助他们制作出一个长度合适的"鱼竿"，从橱子里"钓"出钥匙；然后，区域3中的游戏者把橱子中的螺丝刀传递给区域1中的游戏者，并帮助他们打开木箱获取两节电池；最后，按照同样的操作，让区域3中的游戏者拿到电池，并打开区域2中的投影仪，通过投影仪播放的画面寻找下一步的线索。

59

（二）区域2

场地/道具：镜子1个、投影仪1个、电源开关1个。

谜题：观看投影。

区域1和区域3中的游戏者通过物品交换，相互帮助，最终打开了区域2中的投影仪，并从投射在墙壁上的画面中找到了密码信息，然后打开了各自区域连接的另外两个区域（区域4和区域5）。区域2的设定是构建多元智能训练环境的关键，它虽然将游戏者分隔在了两个区域，但是能够让双方保持联系，并利用区域2的空间，完成相互间信息和物品的交换。同时，双方还可以沟通和确定相关行动方案。在这里，我们对场地进行了合理的划分与布置，让不同游戏空间中的谜题交织在了一起，然后对相关道具进行了巧妙的分配，为游戏者的协同行动提供基础。这样的训练环境可以对游戏者的语言智能、人际沟通智能进行锻炼。

（三）区域3

场地/道具：文字卡1张、密码盒1个、磁铁笔1支、遥控器1个、螺丝刀1把、台灯1个、橱子1个、钥匙1把、栅栏门1个。

谜题：古诗的秘密2、"钓鱼"、观看投影。

区域3中的谜题与区域1中的谜题有着紧密联系，除第一道谜题（从古诗诗句中寻找密码信息）外，其他的谜题都需要跟区域1中的游戏者采取联合行动。在"钓鱼"环节，游戏者从区域1中的游戏者那边获得钢珠后，将其与磁铁笔进行重新拼接，能延长"鱼竿"的长度。然后将螺丝刀传递给区域1中的游戏者，帮他们拆解木箱，并从对方那边获取电池。最后打开区域2中的投影，从影像中找到通往其他区域的密码信息。

在这里，我们采用拆解法和组合法，将区域1和区域3中的谜题进行了二次整合，通过谜题的相互交错让3个区域串联在一起，共同构建了一个多元智能训练环境。其中涉及的智能有语言智能、人际沟通智能、逻辑-数学智能和身体运动智能。

（四）区域4

场地/道具：瑜伽块若干、塑料管零部件若干。

谜题：河中取物。

区域 4 的活动较为简单，游戏者通过脚踩"河"中的瑜伽块，可以顺利获取一些塑料管零部件。与此同时，另外一组游戏者在区域 5 中也可以拿到一部分塑料管零部件。双方根据这些零部件，再结合区域 2 投影中的提示（关闭区域 1 中的照明设备）和墙壁上电源开关的位置（区域 1 中照明设备的电源开关在区域 2 的墙壁上，开关位置距离区域 3 比较近），最后决定将全部零部件传递到区域 3 中，只有这样才能进行下一步的游戏任务。

在这一部分的游戏设计中依然采用拆解法，将最终谜题的重要条件分散到不同区域中。这样的谜题设定便于锻炼游戏者的语言智能和人际沟通智能，同时加入了身体运动相关的活动，提升了游戏的复杂度。

（五）区域 5

场地/道具：平衡木 3 个、塑料管零部件若干。

谜题：组装零件。

区域 5 中的谜题和区域 4 中的谜题是同步进行的，双方游戏者根据之前在区域 2 的投影中看到的提示信息，决定零部件的归属。接下来，游戏者通过区域 4 和区域 5 中间墙壁上的小窗户传递物品，将全部零部件在区域 3 中组装起来。然后，游戏者可以借助区域 2 对面墙壁上的镜子确定电源开关的具体位置，并透过栅栏门，使用塑料管尝试拨动墙壁上的电源开关。当电源被切断后，区域 1 会陷入黑暗，游戏者通过观察墙壁上的夜光涂料，从图案中识别出数字信息。最后，用密码打开栅栏门，双方在区域 2 会合，游戏结束。

该游戏主题案例主要通过拆解和组装的方法，将不同谜题联系在一起，做到"你中有我，我中有你"，然后在巧妙划分活动场地的基础上，对道具进行合理的分配与布置，最终完成对多元智能训练环境的打造。游戏者在这里能够进行身体运动智能、语言智能、人际沟通智能、逻辑-数学智能和空间智能等多种智能的训练。

第四章 体验式综合能力拓展游戏创新素材

> **章节导语**
>
> 本章将引入大量的游戏素材,并基于多元智能的基本理念,将游戏素材分为 8 个领域,分别是身体运动活动领域游戏创新素材、机械和建构活动领域游戏创新素材、语言活动领域游戏创新素材、逻辑-数学活动领域游戏创新素材、科学活动领域游戏创新素材、社会理解活动领域游戏创新素材、视觉艺术活动领域游戏创新素材、音乐活动领域游戏创新素材。本章将对每个游戏领域的特点及其涉及的主要能力进行说明,并有针对性地选取一些典型的游戏素材,在介绍这些游戏素材基本信息、活动方法和规则的基础上,提出更多相关游戏元素的整合方式与谜题创编思路,为在体验式综合能力拓展游戏中能够打造出高质量的多元智能训练环境提供支持。

第一节 身体运动活动领域游戏创新素材

一、身体运动活动概述

身体运动是人体发展的一个重要方面,人们可以用身体表达情感和想法,尝试运动技巧,检验身体动作和运动技能的局限。根据多元智能理论,用身体解决问题是智能的一种独特形式。带球过人、以舞叙事、在容易失衡的情况下保持平衡等,都是游戏者用身体进行思考的例子。另外,身体运动给游戏者带来运动认知提升和身体功能促进的机会,能够帮助他们把身体当作解决问题的工具。同时,身体运动也可以激发游戏者探索周围世界的积极性,去体验愉快的经历。人们可以通过参与身体运动,使自己产生运动观念,提高身体的控制能力,培养对节奏的敏感性,用身体表达情绪和思想等。

人类参与的活动多少都会涉及身体的运动,体验式综合能力拓展游戏的创编以身体运动性游戏为载体，将身体运动智能作为基础，带动多元智能的协调发展，因此，本书中身体运动活动领域相关的素材数量要超过其他智能相关的游戏素材。本节的内容根据身体运动的关键能力来组织相关素材和资源，主要涉及6个方面的关键能力：发展身体基本素质、身体控制、表现力、节奏感、产生运动创意、对音乐做出呼应。

在发展身体基本素质部分，相关游戏活动的素材按照人的5项基本素质（速度、力量、灵敏、耐力和柔韧）进行分类和整理。例如，在速度方面，引入了"独木桥""看谁最准确"等具有代表性的游戏素材，其中涉及奔跑、接球等基本身体动作，并对其传统游戏方式方法做出了详细说明，然后在此基础上，探讨如何与其他智能领域相关游戏资源融合，对原始素材进行改进、优化和创新，做到能力的多元发展。在力量素质的游戏素材选用上，对投掷、弹跳等常见的身体运动进行了说明。以弹跳为例，除了传统的原地起跳摸高或者触碰悬空的皮球，还可以通过增加道具、改变触碰区域的方式和规则，让游戏者在行动之前根据游戏任务和周边环境的具体情况做出判断，学会合理分配自己的体能、与队友协作，而不是重复机械性地做弹跳动作。在训练爆发力的时候，做到神形兼顾，并对人的应变能力提出要求，帮助他们学会用这些基本身体运动技能去处理现实问题。在对灵敏度进行提升的时候，可以将其与生命安全教育相结合，在锻炼基本运动智能的基础上，面向少年儿童开展一些安全防范知识，如红绿灯牌的跑动游戏，与交通信号灯相联系，打造类似的场景，强化他们的安全意识和提升自我保护能力。有关耐力和柔韧方面的素材，以同样的方式进行解读，从而了解它们更多的潜在用法。

身体控制部分引入了模仿类型的游戏活动，训练游戏者区分和运用身体各部分的意识与能力，能够有效地执行和复制自己或者他人的各种身体动作。关于表现力，本节选取的游戏活动是让游戏者在环境发出的不同声音刺激下，尽可能地发挥其想象力，并用肢体语言来表达情感。在节奏感训练部分让游戏者根据各种音乐节奏进行运动，让他们从中体会并寻找适合自己的节奏。接下来的产生动作创意的部分，是让游戏者通过合作构建各种形状或造型，以此激发他们的创造力，从而帮助他们产生有关运动方面的创意。最后一部分是对音乐做出呼应，要求游戏者随音乐的节奏舞动身体，主要锻炼他们的节奏感和表现力。

（一）发展身体基本素质

（1）速度素质，即快速运动的能力，它包括反应速度和运动速度，而运动速度又可分为动作速度和移动速度。影响速度的因素有很多，除中枢神经系统外，还有肌肉的收缩特征、能力和其他协调性、机体的各种技能和技能状况。

（2）力量素质，即运动时、肌肉活动时克服阻力的能力。肌肉收缩是人体运动的动力，在中枢系统的统一调节下，肌肉活动是人体运动的核心，体内其他器官系统的活动都是为了保证肌肉的工作。

（3）灵敏素质，即人体迅速改变体位、转换动作、变换身体姿势和方向的能力。灵敏与大脑皮层神经过程的灵活性有密切的关系。

（4）耐力素质，即机体长时间工作克服疲劳的能力。耐力是相对疲劳而言的，运动中的疲劳有多种表现形式，如感觉的疲劳、心理的疲劳和运动器官的疲劳等，不过，所有疲劳都与机体能量供应系统和与神经系统的兴奋程度有关。

（5）柔韧素质，即各关节活动的幅度、肌肉韧带的伸展能力。影响柔韧素质的主要因素是肌肉、韧带组织的弹性，以及关节的骨结构等。

（二）身体控制

（1）具备能够对身体的各部分进行区分和运用的意识与能力。
（2）能够有计划、连贯、有效地执行动作（即动作不是随意、杂乱无章的）。
（3）能够重复自己或者他人的各种动作。

（三）表现力

（1）在语言、音乐和各种图案的激发下，能够通过手势和身体姿势等肢体语言来抒发情感。
（2）能够配合乐器或音乐片段的气氛、音调和音律做出适当的回应（如用轻快流畅的身体运动与抒情诗或轻音乐进行搭配，用有力量的、有节奏的身体运动与强劲有力的进行曲相配合）。

（四）节奏感

（1）能够随着固定的或变化的节奏（尤其是音乐）运动（如律动）。
（2）能够设定自己的节奏，并对其进行适当的调控，以达到适合自己运动的最佳效果。

（五）产生运动创意

（1）能够用语言、身体或两者相结合等方式，发现和创造有趣、新奇的动作创意（如伸出手臂表现天上的浮云或者水中荡漾的碧浪等）。

（2）能够用独特的身体动作来配合各种创意和想象（如通过身体动作摆出类似字母、汉字和各种符号的造型）。

（3）能够根据不同节奏设计出简单的舞蹈，并且可以教别人跳舞。

（六）对音乐做出呼应

（1）能够对不同的音乐做出不同的回应，并且表现出较强的节奏感和表现力。

（2）在空间中尝试身体的各种移动方式（如转身、旋转）。

二、身体运动活动领域游戏的素材与创编

（一）发展身体基本素质

1. 发展速度的游戏 1：独木桥

目的： 发展跑的速度，提高准确性，培养勇于拼搏的精神。

游戏准备： 布置两条相距 10 米的平行线，一条为起跑线，另一条为终点线；在起跑线和终点线之间，分别布置两条相距 30 厘米的平行线，象征独木桥。独木桥示意图如图 4-1 所示。

图 4-1 独木桥示意图

活动方法： 将游戏者分成人数相等的两队，组成纵队站在起跑线后。各队排

头对准独木桥站立。听到游戏指令后，站在排头的游戏者迅速跑过独木桥，穿过终点线后立刻返回，与第二名游戏者击掌。第二人开始跑动，按照同样的方法进行，以此类推。速度快而又未掉下独木桥的游戏者得1分，累积分数多的队伍获胜。

规则： 排在后边的人必须击掌后再跑，但击掌前不能踩线；过独木桥时，掉下桥者扣1分，踩线即为掉下桥，需要回到起点。

常规建议： 根据游戏者的年龄和体育基础，适当调节奔跑距离和独木桥的宽度。

游戏元素整合与谜题创编：

（1）可以改变独木桥的类型，如使用木板、软垫、放平后的梯子等。

（2）对构成独木桥的相关设施和零件以各种形式进行隐藏，让游戏者自行寻找和选择架桥的材料，并思考如何搭建独木桥和搭建什么样的独木桥，因为不同材料构筑的桥梁（或者桥的形状）会直接影响游戏者通过的速度。

（3）要求游戏者跑到独木桥另一侧获取游戏相关道具。根据独木桥的具体类型，可以围绕运动负荷、平衡性、协调性等调整附加的项目，用以增加游戏者跑动过程中的难度。例如，让游戏者取回皮球、沙子、木块、水和瓶子等物品。

（4）搭配声、光、电等感应设备，可采用镭射激光灯，将其布置在独木桥的周边，一旦游戏者触碰到激光射线，将会引起相应的连锁反应，如发出警报、照明设备自动熄灭等；也可以设置为远程启动某些区域的电磁锁、移动墙壁等。

（5）在室内进行该游戏的时候，可以对灯光的明暗度进行调节，或者增加声控设备，对游戏者跑动过程中发出声音的大小进行限制等。

（6）在互动类型的综合能力拓展游戏活动中，可以安排教师或者相关游戏引导人员根据游戏者的具体情况，如年龄、身体素质、体育运动基础等，做出相应的互动来调节游戏进程或者难度。当游戏者跑动过程中做出了某些行为动作时，场外的游戏管理人员可以根据情况，主动触发一些相关剧情或者启动/关闭某些机关。例如，当所有游戏者通过独木桥后，可以启动解锁机关，让他们获得一些工具或者提示信息；当有人失败的时候，可以触发警报，关闭相关锁具；如果有人不小心踏入"雷区"（可以事先根据游戏提示进行判断），则场地内的灯光会全部熄灭。

（7）可以改变独木桥周边的环境，给游戏者带来压力。例如，使用升降机作为天花板，在游戏过程中，让机器进行周期性的下降，压缩独木桥上方的空间，这样就增加了游戏者过桥的难度。在面对随时下降的天花板时，游戏者需要及时调整跑动姿势。如果在游戏中需要将一些物品和道具运送到桥的另一端，则游戏者要根据天花板的升降规律，选择恰当的时机采取行动。这样设计谜题，不仅可以发展身体运动智能，还可以将逻辑-数学智能很好地融入其中。

2. 发展速度的游戏2：看谁最准确

目的：发展快速反应、灵巧性和奔跑能力，培养遵守纪律的自觉性。

游戏准备：准备1个排球，在地上画两条相距10米的平行线，一条为起跑线，另一条为终点线，在终点线的中间画一个直径为1米的圆圈。看谁最准确示意图如图4-2所示。

图4-2 看谁最准确示意图

活动方法：从游戏者中选出一人负责抛球，他需要持球站在终点线外侧划定的圆内，其他游戏者站在起跑线后。游戏开始后，抛球人在圆内抛、接球。球抛出时，起跑线后的游戏者迅速向前冲，当球重新落回到抛球人手中的时候，其他人立即停止跑动。谁在此期间率先跑到终点，谁就去替换前一个抛球人，其他游戏者返回起跑线继续下一轮的游戏。

规则：只有等球抛出后游戏者才能起跑；当球被接住后，继续跑动的为犯规，判罚其退回起跑线重跑。

常规建议：此游戏更适合在画有跑道的场地上进行；游戏中的抛球环节可以换成转身、数数等形式。

游戏元素整合与谜题创编：

（1）抛球环节可以选择使用自动弹射器之类的道具，根据游戏者的情况，对球的大小和材质进行调整；抛出的物体除各种皮球外，还可以使用一些质地比较柔软的物品。由于各种物品的形状、大小和材质不同，它们的下落速度也不一样，游戏者需要根据抛出物体的下落速度来调整自己的行动。

（2）可以通过叠加任务的方式，增加游戏难度。例如，在球体下落的时候，游戏者不仅要朝着一个固定的方向奔跑，还要接住或者躲避其他方向抛过来的各种物品。这就需要游戏者在短时间内做出判断，如何能接住或者躲避被抛进游戏区域的各种物品。可以让游戏者在通过指定区域的同时，必须收集一定数量的物品，或者要求他们只收集一些特定的物品。还可以按照颜色对抛出的物品进行分类，并赋予不同的意义，一般适用于故事情节类的游戏主题，让游戏者判断哪些物品可以接，哪些物品不能触碰。例如，接住蓝色的球可以让前方的抛球器暂停一轮行动，游戏者能够获得更多的时间来完成其他任务。

（3）对游戏区域中的场地进行改造，更换地形或增加各种障碍。游戏者在奔跑前需要先对路线进行判断，并时刻注意身边环境的变化。也可以设置一些隐藏的干扰道具，给游戏者的跑动制造更多的困难。例如，在游戏区域设置一些发光的方格感应地板，每次机器抛球后，方格地板会同时变化颜色，游戏者只能在不发光的方格上前进，不可踩踏发光的方格区域。

（4）根据游戏情节的需要，可以适当搭配声、光、电等感应设备。例如，在室内进行游戏的时候，可以让照明设备发生周期性的变化，用以干扰游戏者的行动；或者通过声控设备来限制游戏者行动时发出的声音大小，如果声音超过设定的分贝数值，则会自动触发场地上的其他机关道具；又或者当游戏者踏入特定区域时，其中的移动墙壁会向场地内部挤压，每隔1分钟压缩一段距离。

（5）可以为游戏者提供一些日常用品作为游戏辅助道具，如水盆、竹篮、床单、蚊帐等，让他们从中挑选一件，帮助自己更好地接住游戏区域中抛出的各类物品。

（6）搭配可穿戴感应设备，除可以记录游戏者的基本运动信息外，还可以用来判定"受伤的情况"。例如，被物品击中几次后，会触发游戏相关道具或场地环境的变化等。

3. 发展速度的游戏3：抢占"阵地"

目的：发展反应速度，集中注意力。

游戏准备：在地上间隔一定的距离画3~6个直径约为1米的圆圈，象征"阵地"。抢占"阵地"示意图如图4-3所示。

图 4-3　抢占"阵地"示意图

活动方法：游戏者组成一路纵队围绕场地进行活动，按指挥者口令做各种走、跑、跳等身体练习。当指挥者高喊"×（一个数字）"的口令后，游戏者迅速离开原位，按指挥者喊出的数字进入场地中的任意一块"阵地"。未按口令做的游戏者，都被判为失败，并且需要表演一个节目。然后，游戏继续进行。

规则：进入"阵地"时，后来的人不准推挤先到者；如果同一块"阵地"内的人数超额，则后来者需要退出，否则视为犯规。

常规建议：指挥者必须精确计算进入"阵地"的人数，要造成每次至少一人无处可去；可以将"阵地"改换成体操垫或桌椅板凳，游戏期间注意安全。

游戏元素整合与谜题创编：

（1）将传统游戏中的"阵地"视为"安全区"，让游戏者根据具体情况，在必要的时候跑入"安全区"。例如，游戏区域内会周期性地发出警报，每次警铃响声持续3秒，随后场地的激光灯设备自动开启，让整个区域里充满激光射线，被激光射线击中的游戏者被判定为受伤，或者直接触发游戏区域内某些道具机关的电磁锁，将重要物品锁住。也可以设置一些障碍，当游戏者触碰后，或者做出了错误的动作，警报被触发，游戏者要在此时迅速跑进"安全区"，否则游戏区会发生相应的变化，如关闭出口、锁定道具、切断电源等。

（2）将游戏者限制在一个特定的区域内，对完成任务的时间进行限制。例如，将故事情节设定为逃离战俘营，其中负责巡逻的人员每隔一段时间走到一个区域进行视察。游戏者以战俘的身份进行游戏，所有的游戏任务都需要在巡逻人员不在场的情况下完成。这就要求游戏者必须分工协作，根据巡逻人员的返回时间，精确计算自己每次外出活动的时间。当巡逻人员出现的时候，游戏者要迅速返回

体验式综合能力拓展游戏

限定区域。如果游戏者被巡逻人员发现离开限定区域，就会触发机关设备或直接扣除一些道具作为处罚。在整个游戏过程中，游戏者的头脑必须时刻保持清晰，准确判断每次行动的时机。这不仅要求游戏者具备较强的时间观念，还要求游戏者对自己的奔跑速度和体能等有个基本的了解。此外，游戏者需要对场地上的物品和道具进行判断，如是否要搬运东西、搬运什么样的东西、需要几个人才能完成等。

（3）可以对地形进行改造，设置一些障碍。将目标区域设置在障碍之间，游戏者只有翻越障碍才能进入目标区域。也可以将障碍改换成各种谜题，游戏者只有先设法破解这些谜题，才能顺利进入目标区域。

（4）搭配绳索、弹力带或者激光阵等道具，将其设置在游戏者所处的区域外侧。游戏者进出该区域的时候，必须通过这些障碍，除考验他们的速度素质外，还可以锻炼其柔韧性。

4. 发展速度的游戏 4："水""火"不容

目的：发展反应速度，提高奔跑能力。

游戏准备：画 3 条相距 10 米的平行线，中间 1 条作为中线。"水""火"不容示意图如图 4-4 所示。

图 4-4 "水""火"不容示意图

活动方法：将游戏者分成人数相等的两支队伍，面对面站在中线的两侧，一支队伍起名叫"水"，另一支队伍起名叫"火"，要求游戏者记住自己的队名。当指挥者发出"火"的口令时，"火"队成员立刻转身朝向自己所处一边的场地奔跑。与此同时，"水"队成员开始追击，如果在限制线以内的范围里追上"火"队成员，则得 1 分。游戏进行几个回合后结束，累积分多的队胜出。

规则：两队相互追赶时不得跑出限制线。

常规建议：开展此游戏前必须做好准备活动，要求注意力集中，游戏者之间要保持两臂间隔，两人面对，相距一步远的距离，或在场地中间画两条相隔一步的线，作为两队的间隔。可以适当延长追逐距离。

游戏元素整合与谜题创编：

（1）在场地上设置各种障碍，或者对地形进行改造（制造坡度、坑道、断桥等），不仅能够增加双方对抗的强度，还能够通过改变游戏难度来锻炼游戏者其他方面的身体素质。例如，用弹力带或镭射激光灯构建的区域，可以对游戏者的柔韧性进行锻炼。

（2）成功逃脱或被追上，会给予游戏双方人员相应的道具奖励，这样可以帮助己方队伍在后续的游戏阶段获得优势，如积累大量提示信息、获得重要工具等。

（3）根据游戏情节的需要，为小组成员分配不同的道具或提示信息。双方游戏者只有获取彼此身上的物品才可以顺利进行后续的游戏任务。例如，将一个带有密码信息的拼图拆解成若干块，分发给每个小组成员。当游戏进入追逐阶段时，所有游戏者需要保护自己的碎片，通过奔跑、传递和隐藏等手段，尽可能避免被对方截获。负责追击的一方需要考虑分工协作，有时候可以利用场地上的一些机关道具来帮助自己追击其他游戏者。

（4）可以搭配声、光、电等设备，通过信号的变化，提示游戏者下一步的行动方向。例如，信号的颜色发生变化后，追击人员和被追击人员进行角色互换。这就需要游戏者时刻保持警惕，因为场上的情况会突然发生变化，在自己行动的时候要注意留有退路。游戏十分考验团队配合，游戏者需要根据地形、场地和环境等因素进行合理分工。

（5）融入故事情节，进行角色扮演。例如，让游戏者扮演大自然中的各种生物（动物世界里的猎食者）；让游戏者模拟人体内部的各种组织和细胞，或者病毒、细菌等微生物。在游戏过程中，游戏者根据自己的角色特点，选择追击的对象，同时要防止自己落入天敌之手，必要的时候可以跟不同的游戏者进行合作。

5. 发展速度的游戏 5：跑垒

目的：发展反应速度，提高奔跑能力，培养互相配合、协同一致的精神。

游戏准备：准备 1 个小皮球，在边长为 25 米的正方形场地上，画两个相距

20 米、边长为 1 米的方块（或者直径为 1 米的圆圈）作为堡垒。跑垒示意图如图 4-5 所示。

图 4-5 跑垒示意图

活动方法：把游戏者分成人数相等的攻、守两个组，攻击小组成员在 1 号堡垒后面站成一列横队，面对堡垒，防守小组成员分散在两个堡垒之间的区域。指挥者发出指令后，攻击小组第一人持球站在 1 号堡垒内，一手将球抛起，另一手将球向前或侧方击出。击球后，迅速朝向 2 号堡垒跑去。防守小组成员设法将球接住，用投掷、传球等方法触及攻击小组的跑垒人员。在游戏过程中，跑垒人员如果被球击中，则判定为出局；如果安全到达 2 号堡垒，则赢得 1 分。然后，攻击小组第二人用同样方法游戏。当第二名成员击球时，站在 2 号堡垒的成员乘机跑回 1 号堡垒，则又得 1 分。游戏依次进行，当攻击小组中的所有成员都参与跑垒游戏后，交换攻、守位置，最后积分多的小组获胜。

规则：攻击小组如果有 3 名成员出局，则两队交换攻、守位置，如果无出局成员，则全部做完一遍后再交换位置；攻击小组成员击球时，不能出垒和踏线，防守小组成员只能用球触及跑垒队员腰部以下部位；攻击小组成员击球出界则判出局；防守小组成员不得阻挡攻击小组成员跑垒。

常规建议：此游戏可以根据场地条件安排和调整跑垒的距离；也可以结合排球的发球技术做此游戏。

游戏元素整合与谜题创编：

（1）对场地进行调整，适当加入障碍或坑道等，跑动的游戏者可以借助场地上的道具和物品保护自己，也可以在跑动过程中设法接住飞来的攻击物体。

（2）调节照明设备，让游戏区域处于明暗交替的状态。游戏者需要在环境处于光亮的时候进行观察，并努力记忆地形、路线及干扰物的发射位置等。一旦环境切换到了黑暗状态，游戏者就可以根据记忆，移动到一个较为安全的区域。提醒游戏者在活动期间一定要注意安全，避免被障碍物碰伤，或者不慎跌倒。

（3）在游戏中设置激光类道具，让其周期性地发射激光射线。游戏者需要仔细观察场地和路线及激光器的发射规律，并在适当的时机采取行动，避免被场地中的激光射线击中。

（4）在对抗模式中，游戏双方可以轮流对场地上的道具、物品进行自由调整，思考如何利用场地和道具配合自己或干扰对方行动。例如，让防守的一方在规定时间内对场地内部的障碍进行调整，主要是为了在跑动过程中能够更好地躲避对方的攻击；当轮到进攻方改造场地的时候，他们会选择把地形变得更加复杂，给对方的跑动增加困难和障碍。也可以让游戏双方争夺改造地形的机会。例如，在游戏开始阶段，让双方进入不同的游戏区域，哪一组破解谜题的速度快，就会先一步进入对抗区域。这个时候，先到者便可获得改造场地的优先权。

（5）在游戏的不同区域设置"垒"，并在"垒"上放置各种道具。游戏者需要在规定的时间内跑遍所有"垒"收集所需要的物品。游戏者为了争取时间，可以根据具体情况有选择性地放弃一部分道具，通过改造部分物品，将其功能充分地发挥出来，也可以顺利破解谜题。

（6）对"垒"进行改造。可以让游戏者跑到指定区域后，通过弹跳触碰设置在高处的感应器，以此来触发相关道具机关。也可以让游戏者首先将拼图碎片运送到指定位置，然后完成拼图。还可以让游戏者根据不同区域的要求，把一些积木搭建成特定的物体。

6. 发展力量的游戏1：看谁投得准

目的：提高投掷的准确性。

游戏准备：准备若干沙包（皮球），两个标靶（或者小桶）；在场地上画一条直线，作为投掷线；在投掷线前方10米处（根据游戏者身体素质情况而定），间隔一定的距离放两个标靶（或者小桶）。看谁投得准示意图如图4-6所示。

体验式综合能力拓展游戏

图 4-6　看谁投得准示意图

活动方法：将游戏者分成人数相等的两队，面对地面上平铺的标靶（或者小桶），组成纵队站在投掷线后，两队排头手拿 3 个沙包（皮球）。指挥者发出指令后，排头向标靶区域（小桶内）投沙包（皮球），每投进 1 个得 1 分，连续投 3 次后，换第二人投，以此类推。游戏结束后，累积分多的队获胜。

规则：沙包（皮球）只允许在下达口令后投出，如果提前投出，则不计分；投掷沙包（皮球）时，不能踩线。

常规建议：可以根据不同人群调节投掷距离，或者选择其他类型的投掷物；调整标靶的范围；改换不同的投掷动作。

游戏元素整合与谜题创编：

（1）大多数游戏者在投掷游戏中的命中率并不高，而且投掷物以球类为主（皮球、弹力球、排球、网球等），场地上会散落大量的投掷物。可以根据场地的尺寸，选择一些具备不同弹力效果的球体，要求游戏者将所有的球投入指定区域内（篮筐、杯子和水桶等）。在游戏过程中，游戏者需要回收场地上未投进的投掷物（规定游戏期间任何人不能踏入投掷线以内的区域，需要借助工具回收投掷物），然后进行二次利用。可以在场地内放置各种各样的道具，如竹竿、木棍及各种拼接物等（把这些辅助工具隐藏在游戏场地的各个区域，让游戏者自行寻找，或通过破解谜题来获取），游戏者需要判断哪些东西能够帮助自己获取远处的物体。这样的谜题设计可以考查游戏者的空间智能和身体运动智能。

（2）根据游戏场地的特点，切换投掷用的物品（皮球、飞盘、标枪和弓箭等），还可以使用一些触碰类感应设备来制作标靶。例如，使用压力感应设备，游戏者需要用力投掷，确保投掷物在击中感应器后触发机关。根据游戏目的，可以通过修改感应设备的触发条件（位置、力度、时机等），对游戏的难度进行适当调整。常见的感应类设备的触发方式有单点触发、多点触发、同时触发和顺序触发等；还有重力触发、金属材质触发、感光触发和声音触发等。游戏者破解谜题后，可以获得相应的道具奖励，或者自动开启/关闭游戏区域内某处的电磁锁等。

（3）通过击倒标靶获取信息提示或道具奖励。例如，可以使用底部贴有数字提示信息的纸箱、易拉罐、保龄球和木块等，游戏者为了获取信息，要设法利用投掷物击中并打翻远处地面上（桌面上、高墙上等）放置的各种物体。这考验游戏者对出手力度和精准度的把控。因为力量不足难以击倒目标，力量过大会造成目标翻滚过度，仍然达不到目的。在投掷前，游戏者还需要根据目标对象的形状、体积和质量等因素，分析和判断打击的部位，以便提升投掷效果。

（4）在对抗模式中，不同区域的游戏者相互投掷物体，通过击中对方所在区域的感应器，可以获取相应的奖励或者触发游戏剧情等。这不仅考验游戏者的投掷能力，还可以训练他们的反应力和敏捷度，因为在投掷过程中游戏者还需要考虑如何拦截对方的投掷物。

7. 发展力量的游戏2：看谁摘得多

目的：发展弹跳力，熟悉排球起跳扣球技术。

游戏准备：在一块平坦的场地上（草坪），吊起若干排球（足球、篮球）。看谁摘得多示意图如图4-7所示。

图4-7 看谁摘得多示意图

活动方法：将游戏者分成若干组，各组成一路纵队站在起跑线后，每组前方挂有同等高度的排球（足球、篮球）1个，各队指定1名裁判员，站在本队挂吊球的一侧。游戏开始后，游戏者依次进行助跑、起跳和用手触球，能够触碰到球的游戏者得1分。游戏结束时，触球次数多的组获胜。

规则： 在游戏过程中，游戏者必须双脚起跳触球。

常规建议： 吊球带子不能太长，避免左右摆动，影响下一名游戏者触球；根据游戏者的实际情况，可在游戏前进行一些排球技术的相关练习，做助跑、起跳和扣球动作。

游戏元素整合与谜题创编：

（1）可以调整摸高的位置，触摸区域的高度、范围和形状等。例如，为了更准确地记录摸高的成绩，在触碰区域安装电子感应器，除了能够测量高度，还可以加入压力感应装置，并设定压力值，或者对触碰次数进行设定。

（2）对触碰点进行改造，采用多点感应或者顺序感应等设备。根据游戏目的，明确感应区的数量和触碰方式。可以直接通过手掌触摸（用力拍打），或用特殊材质的物品接触感应区域（如用金属类物体接触金属类感应器），当然这里需要游戏者事先判断感应区的触碰顺序和位置。也可以让游戏者按照游戏提示，把一些物品放置在指定区域，当物品达到一定数量后，自动触发重力感应器。

（3）在游戏场地中设置障碍物和各种物品，让游戏者判定哪些道具有助于自己完成任务。例如，使用体适能训练中的软箱当障碍物，因为软箱可以被用来做垫脚石，当游戏者面对高处的触碰感应器时，他们可以移动场地上的软箱，并将其堆积起来。

（4）可以搭配投掷运动。当游戏者起跳到一定高度时，将手中的相关道具抛出，用以击打或触碰高处的感应区（也可以使用软球，让其粘在墙壁的指定位置）。可以限定游戏时间，游戏者只有进行分工协作，才能提高效率。这样的谜题设计可以训练身体运动智能和人际沟通智能。

（5）在对抗模式的主题游戏中，安排干扰组，让他们通过各种方式阻拦游戏者碰触感应区。例如，在游戏者投掷物品的时候，干扰组可以通过投掷物品进行拦截。

（6）让游戏者通过触碰感应区获得更多游戏时间（每次触碰换取30秒或者1分钟等，根据触碰区域的高度，设置不同的奖励），用以完成其他游戏谜题。这样的谜题设计能够培养游戏者的分工协作能力，同时，可以训练他们的身体运动智能和逻辑-数学智能。

（7）将体积和质量不同的各类物品放置于不同的高度，游戏者需要先做出判断，哪些物品（零部件）是游戏中需要的，然后根据物品摆放的位置和高度，通过原地起跳或者助跑加起跳等方式获取它们。这不仅可以锻炼游戏者的爆发力，还可以训练耐力。也可以让游戏者将一些物品摆放到高处，这样的谜题设定需要游戏者在行动前，根据物品的大小、形状和重量等，思考如何将这些物品放置在指定位置。例如，把硬币放置在高处的金属感应区域内。可以通过叠加的方法增加谜题难度，对感应区域的触发方式进行设置（同时触发、顺序触发）。

（8）用一堵墙把游戏场地分隔成A、B两个区域，把带有信息的图片（数字、诗词、画像、音符、一段文字等）挂在A区域，B区域的游戏者可以通过弹跳的方式观察A区域墙壁上的图片，并从中获取信息。也可以把图片挂在场地中间的隔离墙上，游戏者在弹跳过程中，需要通过观察A区域对面墙壁上的镜子，从镜像画面中寻找信息。这样既考验游戏者的爆发力和耐力，又考查他们的观察力和记忆力，还需要游戏者了解镜子的特性及光的反射等基本物理知识。

8. 发展力量的游戏3：跳远比赛

目的： 发展腿部力量，提高跳跃能力。

游戏准备： 在场地上画两条相距8～10米的平行线，一条为起跑线，另一条为起跳线；起跳线前2米处间隔一定的距离，并排画4个长3米的线，将落地区域划分为"近""中""远"3个方格，每个方格的边长都为1米。跳远比赛示意图如图4-8所示。

图4-8 跳远比赛示意图

活动方法： 将游戏者分成人数相等的4个小队，面对落地区域，组成纵队站在起跑线后。游戏开始后，各队的排头从起跑线快速助跑，跑至起跳线处跳起，按照游戏者落地的位置记录成绩,落在"近"方格区域的获得1分,落在"中"方格区域的获得2分,落在"远"方格区域的获得3分,以此类推。各队跳完一轮后,积分多的小队获胜。

规则: 起跳时,脚踩落地区域内的线不得分。

常规建议: 做此游戏应注意安全;起跳线离落地区域的距离或3个方格区域之间的距离,应根据游戏者的素质情况进行调整。

游戏元素整合与谜题创编:

(1)与跨越障碍游戏或模拟渡河游戏等相融合。例如,在渡河游戏中,对其中一个区域进行设定,不允许游戏者在此区域摆放砖块(垫脚石),他们只能通过跳跃的方式通过这个区域。游戏者从河对岸获得所需物品和道具后,需要携带物品返回。此时,游戏者会发现之前用来渡河的垫脚石(木板、防滑垫、拼接式的海绵地板等)尺寸可能不够大,无法为他们提供足够大的落脚点。这就需要对岸的同伴将更多的垫脚石拼接在一起,扩大落脚点的面积,以免游戏者在返程的路上因落地不稳而踏入游戏禁区。

(2)可以和跳方格的游戏进行组合,在不同的方格区域设置感应区,游戏者一旦失足踏入特殊区域,就会触发警报。游戏者需要根据提示信息判断哪些方格是"雷区",哪些方格是"安全区",然后选择跳跃的路线。可以在不同的方格区域里放置一些道具(弓箭、木块、拆装工具和提示卡等),让游戏者根据需要,利用相关道具辅助自己完成特定的任务。例如,在不同的方格区域放置射击类道具,游戏者通过跳跃,在不同区域收集弓箭或木结构的枪支零部件等,然后移动到特定的位置进行射击。这样的谜题设计可以考查游戏者对不同物品和工具的理解与运用,同时,对他们的身体运动智能和空间智能进行训练。

(3)可以结合生命安全教育。例如,模拟高压电区域,提升游戏者对此类困境的认知,让他们了解和学习安全应急方法。

9. 发展力量的游戏4:高空射击

目的: 发展弹跳力,提高投掷的准确性。

游戏准备: 准备若干小沙包,1个排球场;在排球场的一条限制线上画4个直径为50厘米的圆圈作为投掷圈,这些投掷圈之间需要间隔一定的距离。高空射击示意图如图4-9所示。

图 4-9 高空射击示意图

活动方法：把游戏者分成人数相等的 4 队，组成纵队分别站在排球场的一条限制线后，各队第一人持 3 个小沙包，面对本队的投掷圈。游戏开始后，第一人助跑至排球网前，跳起后将小沙包经过网上投到对面场地的圆圈内，连续跳投 3 次，每投中 1 次得 1 分。在统一指挥下将小沙包拾回交给第二人，第二人按此方法进行游戏，以此类推。游戏结束时，累积分数多的小队获胜。

规则：从网上将小沙包投出时，游戏者和球均不得碰网；小沙包压圈，不得分。

常规建议：如果没有排球网，则可用横绳代替；小沙包可换成球，目标区域可以改换成大小相同的桶。

游戏元素整合与谜题创编：

（1）可以将高空投掷游戏中的投掷物和目标区域进行隐藏。游戏者需要通过其他途径来获取相关信息，然后根据信息中的提示进行推理和判断，确定不同物品的投放区域。例如，投掷物是不同颜色的小球或沙包，游戏者需要按照投掷物的颜色，将它们分别投放到标记对应颜色的区域或者特定物体上方等。

（2）用高墙对游戏区域进行分隔，然后让游戏者通过弹跳观察高墙外的其他区域，根据收集到的信息和物品，进行投掷活动。例如，通过弹跳看到墙外区域中的图像或者其他提示信息，推理出物品投掷的具体区域，然后根据投掷区域的远近、区域范围的大小等情况，选择合适的投掷物。也可以把一些投掷物放置于高处，让游戏者先设法获得投掷物，再将其投掷到指定区域。此外，还可以通过调整投掷物的数量，提升或降低游戏难度。

（3）将游戏者分隔在不同区域里（高空区域通过钢化玻璃隔离），让游戏者通过弹跳，在空中交换信息。可以搭配声控设备，限制游戏场地内声音的音量，让游戏者只能通过肢体语言表达和传递信息。

（4）在对抗模式的游戏中，双方游戏者尽可能在限定时间内击中对方区域中的目标，为己方获取有用的道具物品，或争取更多的时间奖励等。在游戏开启对抗模式之前，游戏者需要根据收集的相关提示信息，对目标区域内的具体情况进行分析和判断，然后确定各自的行动方案。

10. 发展力量的游戏 5：锁定目标

目的：发展上肢力量，提高投掷的准确性。

游戏准备：准备 2 张桌子、4 个沙包、4 个篮球；在地上画一个梯形的场地，场地内画一条投掷线，在投掷线前 5 米处并排放两张桌子，每张桌子上间隔一定的距离放 2 个篮球。锁定目标示意图如图 4-10 所示。

图 4-10　锁定目标示意图

活动方法：把游戏者分成人数相等的 4 队，各队组成横队站在场地四周，各队排头手持沙包站在投掷线后，面对投掷方向做好准备。游戏开始后，游戏者通过投掷沙包击打前方桌面上放置的篮球，篮球被打下桌面赢得 1 分。听到哨声后，投掷者迅速跑出拾回沙包交给第二人，如果篮球被打落在地上，则在捡沙包的同时将篮球拾起放回原位。游戏依次进行，每人投完一次后计算各队的总分，积分多者获胜。

规则：不得超越投掷线投沙包；只能击打本队前方的球，每人只能投一次。

常规建议：适当调整投掷距离，可以对摆放物品的高度和位置进行调整；也可以改换其他物品作为靶子和投掷物。

游戏元素整合与谜题创编：

（1）在游戏者和目标区域之间设置各种障碍，阻挡他们的投掷活动。例如，设置高墙，需要游戏者通过弹跳进行投掷；用栅栏门影响游戏者的视线和投掷路线；用镭射灯激光阵干扰投掷物的路线；调整游戏场地灯光的明暗度，增加游戏者瞄准的难度。

（2）调整投掷物的形状、体积和质量等，让游戏者根据目标区域的特点，选择适当的投掷物进行游戏活动。这里可以给予游戏者一些信息提示，让他们根据目标位置的具体情况，对投掷物进行判断和选择。

（3）目标区域可以放置各种物品，让游戏者将其击倒触发机关道具。可以放置一些干扰物，游戏者需要事先判断哪些物品可以被击倒，哪些不能触碰（会触发负面机关），或者对击倒的顺序进行设计，不能打乱顺序。

（4）对投准区域进行调整，让游戏者移动到某个特定的位置，然后进行投掷活动。例如，场地中央是一个四边形立柱，游戏者想要移动到其中一个侧面的前方区域，需要在其他区域收集相应的道具，可以是投掷用的物品，也可以是通往特定区域时需要的一些辅助工具。这里可以对四边形立柱的每个侧面朝向的区域进行设计。例如，游戏者在一个区域里收集不同类型的投掷物，在另一个区域里只有利用道具搭建桥梁才能让自己到达最佳的投掷位置。可以根据游戏区域的数量和特点，将不同的游戏整合在一起，把每个游戏所需的道具分散到其他区域，或者改变一个区域内部的地形。还可以通过各种方式对区域进行分隔，断绝区域之间的联系等。游戏者要根据自己所处的位置对环境进行观察，然后思考破解谜题的方法，选择适当的解决方案，大部分情况下需要进行必要的团队协作。

11. 发展灵敏的游戏 1：一切行动听指挥

目的： 提高注意力，加强组织纪律性。

游戏准备： 准备红、绿旗各 1 面，在一块平坦的场地上画两条相距 20 米的平行线，一条为起跑线，另一条为终点线。一切行动听指挥示意图如图 4-11 所示。

图 4-11　一切行动听指挥示意图

活动方法：把游戏者分成人数相等的 4 队，组成纵队站在起跑线后，指挥者站在游戏者对面的终点线上，两手各持红、绿旗，指挥游戏者行动。游戏开始后，指挥者举起绿旗，各队向前走；放下绿旗，举起红旗，各队停止前进。如果指挥者举起红旗，队中还有人继续前进，则判犯规，令全队退回起跑线，重新开始。游戏进行若干次，先到达终点的队获胜。

规则：各队必须按规定的信号行动，游戏者要互相监督。

常规建议：做此游戏时，可改变队形，也可换动作，如用跑、跳等动作做游戏，这样可以加大难度，也可以提高游戏者的兴趣，还可以结合交通规则对游戏者进行遵纪守法的安全教育。

游戏元素整合与谜题创编：

（1）将红、绿旗切换成其他类型的设备，如各种颜色的指示灯。游戏者通过观察指示灯颜色的变化，从中寻找规律来帮助自己选择和判断行动的时机。这里可以搭配镭射灯激光阵、移动墙壁和舞台喷雾器等，一旦游戏者做出错误的回应，或者触碰到禁忌物品，就会触发这些机关道具，导致游戏失败。

（2）改变游戏区域中地板或墙壁的材质。只要游戏者在场地上做出幅度较大的动作，地板或墙壁就会产生杂音。通过声控设备对游戏区域内的环境进行监控，如果场地上声音的音量超过设备的限定值，就会触发警铃或其他道具的变化。例如，红灯亮起时，任何人不能发出声音；绿灯亮起时，游戏者可以自由行动。

（3）可以在游戏区域内播放一段语音，让游戏者通过声音信息判断下一步的行动应如何进行。例如，语音中掺杂着不同人群的话语和环境中的杂音，让游戏者根据不同声音采取相应的行动，如果是小孩的声音，则游戏者可以自由行动，当声音中出现成年男子的声音时，游戏者要立刻停止行动。也可以用语音来喊号，游戏者只有听到自己的号码时才能行动，未被叫到号码的游戏者不能动。还可以播放不同风格的音乐和旋律，让游戏者根据音乐表达的意思进行活动。

（4）融合一些射击类游戏。对目标进行标记，训练游戏者的反应力。例如，在游戏中让游戏者先按照图纸组装一把简易的木结构枪械，或者弹弓等射击用的道具，再进入其他游戏区域，根据游戏发出的信号提示（红绿灯、各种音效等）对特定的目标进行射击。可以通过拆解法，将射击游戏相关道具的零部件分散到其他谜题中。

（5）结合生命安全教育设计游戏。模拟交通信号灯，构建各种类型的交通环境，帮助少年儿童认识交通指示灯及掌握交通应急问题的处理方法。

（6）在游戏中加入更多的变量，如时间、声音、光线和地形等，让信号出现随机性或者周期性的变化，游戏者需要根据各种信号的转换，实时调整自己的行动，这可以很好地锻炼他们的反应能力。例如，当游戏者听到急促的声音时，需要移动到高处；当灯光闪烁时，需要进入坑道；每隔几分钟，游戏者必须离开这个区域一段时间；等等。这样的谜题设计，就是采用组合法将各种与不同智能相关的游戏元素整合在一起，便于游戏者在活动过程中同时接受身体运动智能、空间智能和逻辑-数学智能的训练。

12. 发展灵敏的游戏2：丢沙包

目的： 在游戏中体会预判能力和跑位能力相结合的重要性，提高快速反应能力和灵敏素质，培养团结协作与敢于竞争的精神。

游戏准备： 每组1个沙包，每组1块约为10米×15米的场地。丢沙包示意图如图4-12所示。

图4-12　丢沙包示意图

活动方法： 将游戏者分成人数相等的若干组，每组选出2人分别站在场地两端负责丢沙包，其余的人在场地中间通过跑动躲避沙包。场地中间的人若被沙包击中，就要切换角色充当投手，如果用手直接抓住丢过来的沙包，则被判定增加1次生存机会，即便被沙包击中，也可以在场地上继续游戏，但是若之后又被投中，则要充当投手，直至场地中的所有游戏者被击中，或者规定的时间消耗完毕，就可以结束游戏。

规则： 投手在投掷沙包的时候，要尽量朝下肢和躯干部位投掷，不允许朝脸部投掷；所有人在规定区域内跑动。

常规建议：根据游戏者的能力调控场地范围，可尝试增加投手和中间队员，如4个投手分别站在场地四角同时用2个沙包进行投掷。

游戏元素整合与谜题创编：

（1）可以将游戏者分别置于不同的游戏区域，进攻方需要在自己的活动区域内寻找投掷物，躲避方要充分利用时间，在自己的游戏区域范围内搜寻道具，尽快利用获取的相关工具帮助自己离开投掷区。进攻方可以根据对方所处的位置选择不同的投掷物，或者调整自己的投掷地点等；躲避方不仅要考虑闪避沙包或其他投掷物，还要设法在游戏特定区域获取相关道具来完成其他任务。这里可以模拟一些军事训练场景。例如，游戏者需要顶着"枪林弹雨"抵达指定区域，或者将特定的物品搬运至目标区域。在传统的丢沙包游戏中，其中一方往往是被动闪躲，而另一方只考虑进攻。在这里，躲避方可以利用各种道具、地形增加进攻方的攻击难度，并在完成特定的任务后成功脱离，也可以在完成一定的游戏任务后进行反击等。作为进攻方，他们可以在自己的游戏区域里收集更多的物品用来辅助攻击，丰富进攻的方式。

（2）可以将制作沙包的材料（沙子、豆子、五谷杂粮、小塑料球、毛巾、布、绳子和针线等）放置在游戏区域内，游戏者要寻找合适的材料和工具，根据游戏谜题的具体情况，自行制作合适的投掷物。例如，游戏者需要击中前方的移动靶（可以是横向移动的靶子，也可以是摇摆的靶子等），他们要考虑靶子的大小、速度及其数量等因素，还要考虑自己手中的材料能够制作多少投掷物。在对抗模式的主题游戏里，让其中一方寻找相关物品制作投掷物，与此同时，另一方需要抓紧时间完成一些任务来获取防御用的道具，或者让自己进入一个距离进攻方较远的游戏区域内。这样可以增加进攻方的攻击难度，也可以借助区域内的掩体来躲避攻击等。

13. 发展灵敏的游戏3：踩影子

目的：体会躲闪、追击对身体素质的不同要求，增强下肢力量，提高快速奔跑能力及灵敏素质。

游戏准备：每组1块约为15米×15米的平整场地。踩影子示意图如图4-13所示。

图 4-13 踩影子示意图

活动方法：将游戏者分成若干组，每组为 5～7 人，在规定的区域内奔跑躲闪、追击进攻。游戏者要去踩奔跑中游戏者头部的影子，踩中 1 次得 1 分，同时要防止自己头部的影子被踩中，被踩中扣 1 分。最后得分多的人获胜。

规则：必须在规定的活动区域中开展活动，出界 1 次扣 1 分；只有踩中游戏者头部的影子才得分，踩中其余部位的影子均无效；踩影子的游戏者不允许用手去拉、拽奔跑的游戏者。

常规建议：采用小组合作的形式，小组与小组之间进行互踩。

游戏元素整合与谜题创编：

（1）在游戏区域的各个方位放置照明设备，并调整灯光照明的时间，随着不同方位灯光的亮起，场地内部道具和游戏者的影子位置都会发生变化，让游戏者根据灯光变化调整自己的走位，以免影子跟其他道具的影子重合（加入故事情节，提示影子不能重合）。

（2）与障碍类游戏相融合。这里提到的障碍不是实体物品，而是投射在地面上的各种影子，让游戏者在不接触这些影子的前提下通过指定区域。可以调整规则，要求游戏者在绕过这些障碍的时候，自己的影子也不能与其他影子重合。也可以把投射在地面上的各种影子当作落脚点，必须踩着影子通过某一个区域，期间对照明设备进行设置，让游戏者判断影子出现和消失的规律，计算时间，合理安排团队行动。

（3）进行团队协作，让游戏者寻找合适的位置，将自己的影子投射在地面上或者墙壁上，选择一名游戏者让他踩着影子完成任务。游戏者可以进行对抗，在游戏过程中，若影子被踩到，则相应的游戏者立刻停止行动，双方互相踩踏影子直至一方的成员全部被定在场地上。获胜一方的游戏者绕过或者利用这些场地上的影子离开游戏区域。期间可以伴随照明设备的变化，用以调整游戏难度。

（4）在游戏场地某个区域（如走廊、小房间等）的地板上安置闪光方格感应面板，游戏者在这个区域里需要根据闪光方格感应面板亮起的颜色进行踩踏或闪躲。当方格闪光颜色为红色时，游戏者需要迅速离开这个方格，否则会被扣除分数。当方格恢复成原本的灰色时，表示这个方格是安全的，可以在此处落脚。还可以增加各种颜色，如蓝色、黄色和紫色（每个颜色代表不同的分值）等。当方格亮起这些颜色的时候，游戏者可以通过踩踏这些方格获取分数。只要分数累计到一定数值，就可触发相关道具。设计这个游戏活动的时候，可以根据游戏者的年龄适当调整方格亮起和熄灭的时间间隔。

14. 发展灵敏的游戏 4：钓鱼

目的：提高快速奔跑的能力和身体的灵巧性。

游戏准备：准备 2 个小皮球，分别装在网兜内，各系上一条长 2.5 米左右的松紧带；画一个直径为 6 米的圆圈（根据情况进行调整），作为游戏区域。钓鱼示意图如图 4-14 所示。

图 4-14　钓鱼示意图

活动方法：选出一名游戏者持球站在游戏区域外当作"钓鱼者"，其他游戏者分散在游戏区域内当作"鱼"。游戏开始后，作为"鱼"的游戏者在游戏区域内进行自由活动，游戏区域外的"钓鱼者"用系有松紧带的球触碰游戏区域内的"鱼"，凡被触到的"鱼"都要自觉退到游戏区域外，然后"钓鱼者"继续用球触碰其他的"鱼"。经过一定时间后，另换一人作为"钓鱼者"，游戏继续进行。

规则："钓鱼者"必须拉住松紧带，如果松紧带脱手，则即使球触及"鱼"也无效；游戏区域内的"鱼"不允许跑出场地，否则判为失败。

常规建议：根据游戏者的具体情况，可以调整"钓鱼者"的人数、游戏区域的范围大小、游戏区域的形状等，也可以增加障碍充当水塘里的石头等。

游戏元素整合与谜题创编：

（1）在对抗模式的游戏活动中，其中一方的游戏者站在游戏区域中间（或者区域外）通过"鱼竿"干扰游戏区域内游戏者的行动。例如，游戏区域内的游戏者需要在规定的时间内完成拼图或者物品搬运等任务，但是在游戏过程中被球击中，将被强行置于另外一个游戏区域（可以把任何一种拓展游戏设置在这个区域中，被球击中的游戏者只有破解这里的谜题才能重新回到原来的游戏区域中）。这类游戏设定主要是为了干扰游戏者的活动进度，因为游戏者随时会被强制放到其他区域中，造成人员分散，游戏难度便会大幅提升。

（2）游戏区域内的游戏者可以在适当的时候进行反击。例如，在迅速破解一个机关后，获得沙包、皮球等投掷物，可以向"钓鱼者"发起反击，此时的"钓鱼者"需要躲避沙包或皮球，如果"钓鱼者"被沙包或皮球击中，则将被静止一段时间。

（3）组成"鱼竿"的道具被拆解和散落到游戏区域中，游戏者只有先获取这些零部件，才能将"鱼竿"组装起来，然后开始钓鱼。例如，一方的游戏者在特定区域内寻找"鱼竿"的零部件，另外一方的游戏者扮演"鱼"的角色，要尽可能在对方"鱼竿"组装完成之前处理好己方区域中的相关任务，为后续游戏争取优势。

15. *发展灵敏的游戏 5：快接高抛球*

目的：提高动作的灵敏性，培养果断精神。

游戏准备：准备若干排球，在场地上画若干直径为 2 米的大圆圈，在每个大圆圈中画一个直径为 1 米的小圆圈。快接高抛球示意图如图 4-15 所示。

体验式综合能力拓展游戏

图 4-15　快接高抛球示意图

活动方法：将游戏者分成 7 人一组，各组游戏者在大圆圈外站好，然后从 1 至 7 报数，每人所报的号数作为自己的代号。各组选出一名游戏者持球站在小圆圈内。游戏开始后，持球者用力向上抛球，同时高喊一个号数，如 5 号，则 5 号游戏者听见喊声迅速跑向圈内接球。抛球者则向圈外 5 号游戏者原本站立的位置跑去。如果 5 号游戏者未能接住落下的球，则扣 1 分，并在小圆圈内重新抛球；如果 5 号游戏者在球落地前将球接住，则应立即用球击打抛球者，如果击中，则抛球者扣 1 分，5 号游戏者得 1 分，并在小圆圈中抛球喊号。游戏继续进行。

规则：抛球者必须站在圆心垂直向上抛球，抛球的高度高于头部 1 米以上；抛球和喊号必须同时进行；若被喊号的游戏者只接住了球，而未击打到抛球者，则不得分，在小圆圈中开始下一轮的抛球游戏。

常规建议：根据游戏者的具体情况，可以调整场地的范围，改换抛出的物品等。

游戏元素整合与谜题创编：

（1）将抛球的任务交给机械装置，切换叫号的方式，可以让机器随机显示号码，号码对应的游戏者负责接球并对其他游戏者进行攻击。在这个过程中，没有被叫到号的游戏者需要对时间进行判断，在接球者还没有接到球的短暂时间内，从游戏场地中寻找和获取相关物品及工具，并迅速回到安全区。将每名游戏者放置在不同的安全区内，让他们面对不同的问题。例如，在安全区的背后是一个上锁的栅栏门，距离门 1.5 米处有一把钥匙，游戏者需要绳索、磁铁等道具。游戏开始后，每次叫号的时候，该游戏者需要迅速冲进场内抢夺所需的道具，其他游戏者也会根据自身的需求搜寻相关物品。游戏者之间可以合作，交换手中获得的物品。被叫号的游戏者在成功接球并击中其他游戏者的时候，可以获得奖励，如获得自己所在区域需要的物品或工具等，如果失败，则在这一轮不能获得任何物品，被击中的游戏者在这一轮同样不能获得任何物品。

（2）可以对游戏场地进行设计，在地面上增加一些限制区，游戏者在接球的时候，需要注意脚下的区域，一旦踏入限制区，就被视为犯规，对其进行扣分或触发相应的机关道具等。例如，游戏者在跑动过程中，不小心踩踏在了限制区内的感应板上，场地的照明设备会自动熄灭。

16. 发展耐力的游戏 1：迎面障碍接力

目的： 发展速度与耐力，提高灵敏素质。

游戏准备： 准备 2 块垫子、4 个栏架；画 2 条相距 30 米的直线，在距离起跑线 10 米处间隔一定距离摆放 2 个栏架，20 米处放 1 块垫子。迎面障碍接力示意图如图 4-16 所示。

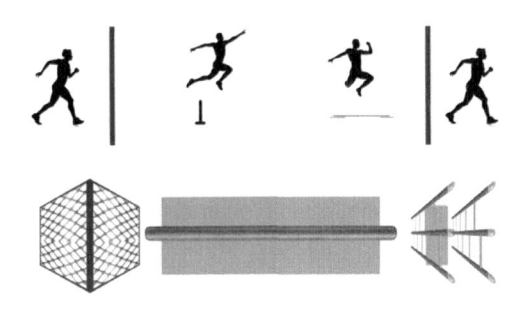

图 4-16 迎面障碍接力示意图

活动方法： 把游戏者分成人数相等的两队，每队分成甲、乙两组，同队的两组面对面组成纵队站在两条直线后。游戏开始后，甲组排头首先跨越第一个栏架，继续奔跑到第二个栏架，并从栏架的下方钻过，然后跑到垫子处用跳远动作越过垫子，最后快速跑到对面拍乙组排头的手，自己则站在乙组的排尾。乙组排头跑前在规定的地方做规定的动作。各队依次做下去，最后速度快的队获胜。

规则： 跨越栏架或者钻过栏架时，如果碰倒栏架，则必须扶起后再继续游戏。

常规建议： 根据游戏者的身体情况，可以适当调节栏架的高度；可以调整栏架的摆放密度；使用其他道具充当障碍物；让游戏者分组讨论，自主选择和摆放障碍物，建议小组之间交换跑道进行比赛。

游戏元素整合与谜题创编：

（1）可以将整个游戏区域作为障碍跑的场地，在打造游戏环境的时候注意对地形的选择与改造，设置隧道、坑道、矮墙、沙地、围栏、网状地带、楼梯和传送带等。

（2）配备一定的道具和零部件，让游戏者自主搭建桥梁或通道。例如，可提供长木板和梯子，游戏者将长木板放平，可以将其改造成桥梁。

（3）设置团队类项目。游戏者只有借助团队的力量才能通过障碍。例如，搭配索道类游戏，需要队友拉拽锁链，将游戏者送到障碍的另一边。此外，还可以安装自行车发电设备，游戏者只有让自行车保持运转，才能获得源源不断的电能，并保障相关道具正常工作。例如，让游戏者在室内进行穿越障碍的游戏，如果他们不能给照明设备通电，房间就会陷入一片黑暗，直接影响游戏的进行。

（4）与搬运类游戏结合。游戏者不仅要突破障碍、考虑每个障碍的特点，还要考虑所搬运物品的大小、材质、形状和重量等因素，小组队员进行分工协作，最终达到提高效率和节省体能的目的。例如，游戏区域里出现了隧道、河流、高台之类的障碍组合，游戏任务为将球类物品从游戏最后的区域搬运至起跑区域，游戏者只有分工明确才能更高效地完成任务。在游戏过程中，有人负责球的远距离传接工作，类似篮球中的各种传球；有人负责将球用力推过隧道；还有人负责接应并奔跑回指定地点。这样的谜题设计，不仅考验游戏者的体能，还考验游戏者的灵敏度、柔韧性等身体素质。此外，游戏者要善于观察地形，思考如何分工，还要了解不同伙伴的身体特点等。

（5）将游戏设置为对抗模式。双方游戏者在游戏中可以通过各种方式干扰对方。例如，其中一方先到达某个位置，可以抢走重要的道具，或者在几个道具中进行选择，挑走适合己方的物品（有时候可能会选择错误，即便是先一步来到特定位置也未必就会赢得优势，这需要游戏者对眼前的障碍和困境进行分析与判断，然后选择合适的物品或工具）。

（6）根据游戏地形和障碍的难度，搭配适当的物品让游戏者搬运，在锻炼耐力素质的基础上，可以练习他们的反应力、灵敏性和协调性。例如，搬运球类物品，游戏者可以通过远距离传接球提高搬运效率；使用水桶搬运水，游戏者一定要让身体保持在稳定的状态。

17. 发展耐力的游戏2：运球接力

目的： 发展手臂力量，提高手腕与手指的灵活性和身体的协调性。

游戏准备： 准备 2 个篮球、1 块篮球场；在球场的中线两边各画一个直径约为 1 米的圆圈。运球接力示意图如图 4-17 所示。

图 4-17　运球接力示意图

活动方法： 将游戏者分成人数相等的两队，在篮球场同一边的线后组成纵队面向球场站好。各队第一人手持一个篮球。指挥者发出指令后各排头运球至中线圆圈处，把球放在圆圈内，然后做 3 个俯卧撑，完成俯卧撑后，迅速运球到篮筐下做一个三步上篮，要求将球投入篮筐，最后运球返回起点，把球递给第二人，自己则站在排尾。第二人接球后按同样方法进行游戏，以此类推。速度快的队获胜。

规则： 在中线圆圈放球时，球必须放稳，如果球滚出圆圈，则还要重新放；必须做正确的俯卧撑，否则判犯规；接球时，不能踩线。

常规建议： 可以变换场地中间的项目，如将俯卧撑改成原地向上跳，也可以适当增加项目，还可以在场地上摆放障碍，需要游戏者利用篮球中的过人方式来通过障碍。

游戏元素整合与谜题创编：

（1）对游戏的场地进行改造，让游戏者在更为复杂的环境中进行运球练习，提升他们的球感。可以在场地上设置一系列的障碍，游戏者需要根据各种球的特点，调整自己的行进路线。也可以改变道路的宽度（如设置为独木桥），或者在路线上设置高低不同的障碍物等。

（2）让游戏者通过运球的方式，将一定数量的篮球搬运到指定区域，游戏路线可以自主选择。游戏者在行动前需要先观察道路上的各种障碍物，根据情况确定路线和团队的任务分工。

（3）在运球路线上设置一些干扰道具，如激光射线、弹力带，游戏者需要一边运球，一边设法躲避干扰。在游戏过程中，游戏者一定不能触碰这些特殊的障碍物，如激光射线，因为它可以触发场地上的其他道具，从而增加游戏难度。

（4）多人合作游戏。可以限定游戏者的活动区域，将他们分别置于不同的游戏区域中，在成功完成该区域路线上的运球任务后，把球传递给下一个区域的游戏者，通过接力合作的方式进行游戏。也可以让不同的游戏者负责不同的游戏环节，有人专门寻找场地上散落的篮球，有人负责传递篮球，还有人需要将球运送到特定区域。

（5）可以搭配科学类游戏，如重量估算游戏等。让游戏者对不同类型球的重量进行估算，然后选择自己团队需要进入的区域（设置多个游戏区域，里面的障碍物不同，游戏谜题也不同，获得的球的奖励数量也不同），并在规定的时间内尽快完成对球的收集和相关任务。

18. 发展耐力的游戏 3：浮板蹬水

目的： 发展速度与耐力，提高蛙泳两腿蹬水技术。

游戏准备： 准备若干块规格相同的浮板；在距泳池一端 20 米处设一条水标线作为终点线。浮板蹬水示意图如图 4-18 所示。

图 4-18　浮板蹬水示意图

活动方法： 把游戏者分成人数相等的两队，在泳池的一端横向站立。两队排头一只手抓着浮板，另一只手按着池壁，一只脚站立，另一只脚贴池壁呈出发前的预备姿势。游戏开始后，排头用两只手抓着浮板，两条腿用蛙泳动作蹬水前进，到达终点线后转身返回起点，把浮板交给第二人，然后移动到本队排尾，以此类推。以最后一人用浮板触到池壁为结束，先完成的队获胜。

规则：两手可以抓在浮板的任何部位，但不得松开；游戏者只有接到浮板后才能出发；必须运用蛙泳的蹬水动作前进。

常规建议：可以调整游泳的距离，或者行进的路线；也可以对浮板的尺寸、形状和质地进行变换。

游戏元素整合与谜题创编：

（1）可以与搬运类游戏结合，让游戏者通过浮板搬运物品，这里可以搭配不同类型的浮板，让游戏者根据所需要运输的物品来选择不同尺寸的浮板。也可以与障碍类游戏结合，将浮板分散到泳池的各个位置，不同浮板获取的要求有所不同。例如，有的浮板被锁在笼子里，钥匙在水下，需要游戏者潜水获取（根据游戏者的年龄调整钥匙的位置）。

（2）在对抗模式的游戏中，其中一方游戏者进行浮板接力，另一方游戏者可以在特定的区域里搜集皮球对接力人员进行干扰，被击中的人员需要返回起点。游戏者为了避免被球击中，可以利用水上的漂浮障碍物进行躲避，也可以尝试潜水躲避攻击。

（3）可以跟水上障碍游戏融合。例如，在特定的路线上，将一部分用来组建桥梁的零部件分散到其他游戏区域中，游戏者要将所有的道具收集齐全，完成对浮桥的搭建。完成桥梁修复任务后，游戏者返回水上，将指定的物品或其他类型的物品运送到对岸。

（4）给游戏者提供一些材料，让他们在限定的时间内自行选择或制作能够漂浮在水面的物品。例如，很多人认为塑料水盆能够漂浮在水面，但是专业救生人员经测试发现，无论水盆正面朝上还是反面朝上，都不适合作为漂浮工具，因为水盆的形状特殊，很难在水中保持平衡。这里可以结合防溺水安全教育知识，让游戏者在实践活动中学习如何使用适当的工具来保护自己。

19. 发展耐力的游戏 4：摸石子

目的：增强呼吸肌的力量，提高水中憋气的能力。

游戏准备：准备若干直径约 2 厘米的石子（玻璃球）；选择 1 个游泳池。摸石子示意图如图 4-19 所示。

图 4-19 摸石子示意图

活动方法：游戏者人数不限，围成一个圆圈，原地踩水，然后把石子放在圈内（水底）。游戏开始后，游戏者潜入水中寻找石子，在规定的时间内石子收集多的人获胜。

规则：听到指令后再潜入水中；必须采用头朝下的潜水方法。

常规建议：要求游戏者佩戴水镜，在水底避免互相碰撞或头撞池底，注意安全。

游戏元素整合与谜题创编：

（1）将水下需要被收集的物品进行改换，可以是钥匙、道具的零部件、工具和提示信息等，让游戏者通过潜水的方式，从水中搜寻游戏所需的物品或信息。

（2）结合生命安全教育创编谜题。例如，在人工海浪泳池里，让游戏者了解和适应水浪之间的冲击规律；在船只之类水上漂浮物的底部，学习如何调整身体姿势（切记不能背部朝上，容易被水压顶在船体下方）。

（3）让游戏者将陆上的道具搬运至水下的特定位置，并在这个区域里完成某个结构的搭建，这里需要团队成员根据个人身体情况分工协作。

（4）将水上和陆上游戏活动相结合，把一些重要的道具、工具和信息卡片等物品放置在不同的区域。例如，将相关工具放在水下，将破解谜题的信息卡片放在水上某个区域，将一些物品摆放在岸边，等等。

（5）可以搭配一些故事情节，对游戏者进行角色分工。例如，根据生命安全教育中的防溺水相关指导，为游戏者分配角色，模拟各种水环境中的救生游戏。

（6）给游戏者配备一些潜水用的器械，让游戏者学习使用各种工具辅助自己进行水下活动。潜水器具可以分散放置在各个游戏区域，游戏者只有破解其他谜题才能获得相关道具，然后根据说明书将潜水装备组装起来，并学会对这些设备进行安全检查，确保工具能够安全运行。

20. 发展耐力的游戏 5：跨栏跑

目的： 发展耐力，了解跨栏跑的技术，培养勇敢、果断的精神。

游戏准备： 准备 8 个栏架、两面小旗；画两条相距 40 米的平行线，一条为起跑线，另一条为终点线；起跑线前 12 米处放第一个栏架，以后每隔 7 米放一个栏架，共放 4 个栏架；终点线处插上小旗。跨栏跑示意图如图 4-20 所示。

图 4-20　跨栏跑示意图

活动方法： 将游戏者分成人数相等的两队，面对栏架组成纵队站在起跑线后。游戏开始后，各排头游戏者迅速向前跑，依次跨过第 1～4 个栏架，到终点线处绕过小旗，从栏架的外侧快速跑回，拍第二人的手后站在自己队伍后面。第二人照此方法进行游戏，以此类推。先跑完的队获胜。

规则： 必须从栏架上跨过；不准用手推倒跨架，如果栏架倒下，则必须扶起以后再跑；拍手的时候，准备跑的人不准踩起跑线。

常规建议： 游戏者有一定的跨栏技术后才能进行此游戏；可以用横杆等代替栏架，高度因人而定。

游戏元素整合与谜题创编：

（1）可以对跨栏的高度、材质等进行调整，除跟传统的障碍类游戏结合外，还可以将一些重要的信息或者道具零部件隐藏在栏架和相关道具之中。例如，用软箱和平衡木搭建栏架，把一些游戏提示信息隐藏在架子底部。也可以将栏架拆解用于其他游戏谜题，帮助游戏者穿越坑道等特殊区域。还可以把栏架的部分零部件与其他道具搭配，制作新的工具等。

（2）对栏架进行分类，让游戏者根据场上获取的信息来判断栏架的类型，哪些是可以直接翻越的栏架，哪些只能从栏架下部通过。

（3）可以在栏架上方设置干扰物，如镭射灯，让镭射灯周期性地释放激光射线，游戏者需要在场地上寻找时间测量工具（提供一些物品，让游戏者自制道具，如瓶子和水，通过调节瓶盖的松紧让水滴从瓶中有规律地滴下，这样可以帮助游戏者计算时间），通过时间测量工具计算镭射激光释放的时间间隔，然后选择跨越栏架的最佳时机。也可以在栏架上方悬挂一些铃铛，当游戏者跨越栏架的时候，一旦造成铃铛碰撞，就会触发声控设备。

（4）根据游戏者的身高情况，调整栏架的高度，只让其中的少数成员跨越栏架。游戏开始前，可以将能够跨越栏架的游戏者单独关在一个区域中，其他团队成员需要分工协作，只有破解相应的游戏谜题才能解救他们，然后游戏者跨越栏架去获取游戏所需的其他信息或道具。这里需要游戏者既了解自己，也了解他人，根据团队成员身体条件进行分工协作。还可以将栏架高度调整到最高，全场的游戏者都不可能直接跨越栏架，他们需要从游戏区域里寻找能够将道路垫高的物品，对有限的道具进行合理配置，把通往栏架的跑道提升至一定的高度，帮助所有人员跨越障碍。这样的谜题设计不仅可以考查游戏者的基本身体素质，还可以考验他们对物体结构的理解，对人的身体运动智能、空间智能、人际沟通智能和自我认识智能的发展有一定的促进作用。

21. 发展柔韧的游戏 1：超级连接

目的： 发展柔韧性，培养合作意识。
游戏准备： 平地或草坪。超级连接示意图如图 4-21 所示。

图 4-21 超级连接示意图

活动方法： 将游戏者均分成若干组，分别组成纵队站好。游戏开始后，各组队员依次做出纵叉或横叉，相邻两人的前后脚相抵，全组队员连成一条线，并坚持 10 秒为成功。坚持的时间长的组获胜。

规则： 游戏前一定要安排热身和拉伸练习，防止拉伤；前后相邻两人的脚必须相抵，不得脱节，否则无效。

常规建议： 分组时，要考虑游戏者身高比例的均衡，可男女混合分组；可以扩充参与游戏的人数；可以连接成圆形、三角形、正方形和心形等形状，看谁围得最大；可以拓展为多人的游戏。

游戏元素整合与谜题创编：

（1）可以整合为人体电桥游戏，即让游戏者通过手拉手的方式形成一个完整的人体电路。根据游戏者的身体情况调整正负极的安装位置。这样的谜题设计可以考验人体的柔韧性、协调性和想象力，让游戏者积极思考如何最大限度延长队伍的长度。此外，游戏者可以借助游戏区域中的各种导电物体，帮助团队破解谜题，顺便考查游戏者的生活常识和物理基础知识。

（2）在人体电桥游戏中，游戏者需要根据人数、地形、障碍物等因素的具体情况，选择团队成员的连接方式。另外，游戏者还要基于自身的特点，对成员的站位进行合理安排，让大家发挥出各自优势。这样的谜题设计可以训练游戏者的身体运动智能、自我认识智能、人际沟通智能和空间智能。

（3）在游戏的某一个区域中设置触碰类感应器（可以设置在地面上，也可以设置在墙壁上）。在感应器的触碰面板上涂抹或粘贴手掌、脚掌形状的贴图，让游戏者通过触碰这些标识触发机关道具。另外，可以根据游戏者的身体条件，对感应器之间的距离进行适当调整。这样的谜题设计不但可以考验游戏者的柔韧性和协调性，而且对游戏者的空间智能和人际沟通智能有促进作用。

（4）设置激光阵或加入水平测试仪器。可以调整镭射灯的发射位置或激光的密集度，让游戏者在一些区域进行配合。例如，可以将两条光线之间的距离设置得窄一些，一个人通过难以保持身体平衡，这就需要其他游戏者进行配合，帮助队友支撑身体。也可以在游戏中加入水平测试仪器，只要该仪器发生倾斜，游戏道具就会被锁住，因此，游戏者在行动时要注意手中仪器的状态，必须让它始终保持平衡，不可以倾斜过度。这有助于锻炼游戏者的柔韧性和稳定性。

（5）可以对各种谜题的解谜时间进行限制（如 5 分钟、10 分钟或者更长等），当游戏时间耗尽后，场地环境会发生某些变化（灯光熄灭、门禁上锁等）；也可以对场地上的一些机关进行设定，让其发生周期性的变化（间隔 1 分钟、2 分钟、3 分钟等），游戏者需要准确掌握时间间隔，选择和判断行动的时机。

22. 发展柔韧的游戏 2：渡河

目的：发展身体的柔韧性，提高灵敏素质。

游戏准备：准备 10 个硬木板（10 厘米×20 厘米）。渡河示意图如图 4-22 所示。

图 4-22　渡河示意图

活动方法：画两条相距 10～15 米的平行线，一条为起跑线，另一条为终点线，将两条线之间的区域视为一条河流。将游戏者分为人数相等的两队，每个队再分成 A、B 两个小组，分别站在起跑线后，各队间隔 3～4 米。各队 A 组排头手持两块硬木板。游戏开始后，各队只能使用 5 块硬木板作为渡河的垫脚石，从排头开始依次向前挪动踩在脚下，渡过这条河流，直至全队游戏者每人渡河一次为止，先完成的队伍获胜。

规则：在渡河过程中，游戏者的脚始终不能接触地面，否则视为落入河中，该游戏者需要立刻返回起点重新开始渡河。

常规建议：可以调整木板的大小、材质和数量等；根据游戏者的数量和身体素质，适当延长或者缩短河道的长度。

游戏元素整合与谜题创编：

（1）改换垫脚石。除了常用的木板和石块，在游戏区域里还可以布置一些生活常见物品（桌、椅、板凳等），让游戏者识别哪些道具可以利用，哪些道具之间可以进行组合等。可以考虑减少垫脚石的数量，给游戏者提供不同材质和形状的垫脚石，让他们思考什么物体的摩擦力大，可以放在最后的位置，以便自己通过跳跃的方式越过河流。这类游戏不仅可以提升人们身体的柔韧性，还能带动其他方面的身体素质协调发展。另外，在垫脚石的选择上，可以调整其大小、形状、重量和材质等，让游戏者根据道具的具体情况确定行动方案。这样的谜题设计对游戏者的身体运动智能、逻辑-数学智能和空间智能会产生积极影响。

（2）搭配镭射灯道具。在游戏区域布置激光阵，让游戏者根据激光射线的位置，判断和选择适合通过的路径。游戏活动期间涉及身体运动智能，不仅能够锻炼身体的柔韧性，还能够提升游戏者对身体稳定性的控制力，同时能够训练游戏者对空间距离的把握。此外，游戏者手中会持有木板、砖块或者椅子等道具，他们需要思考如何摆放这些物品，并搭建出合适的落脚点。这样的谜题设计能够搭建出较为复杂的游戏环境，对游戏者的身体运动智能、空间智能和人际沟通智能提出更多的要求。在游戏过程中，游戏者并不是将垫脚石放置在自己能触及的位置就能完成任务，而是要考虑下一步如何最大限度地避免触碰激光。这样的游戏设计减少了游戏者的选择余地，迫使他们在有限的空间里思索和寻找更多处理问题的方法。

（3）隐藏渡河所需的道具，让游戏者通过各种方式自主进行搜寻。例如，将渡河所需的道具放在高处，让游戏者通过原地起跳去收集；拆解一个木质的物品，合理分配其零部件，用来充当垫脚石，同时在河对面设置另外一个游戏谜题，如需要获取高处的物品或者将一个道具放到距离地面2米高的位置，这就需要将之前用来充当垫脚石的道具进行重组。如果垫脚石来自一个被拆解的板凳（桌子、架子、椅子等），在这里就需要将其复原，或者在河对岸再准备一些零部件，与之前的物品相结合组装一个更大的物体。

（4）搭配绳索，通过摆动绳索让自己通过某处区域（该区域不允许放置垫脚石，而且不能直接进入），这就需要游戏者分工协作，设法拉拽绳索，或将绳索固定在一个结实的位置（通常会给予提示，避免出现安全问题），让其中一名游戏者借助绳索爬行到指定位置获取相关道具。

（二）身体控制

1. 照镜子

目的： 学会控制身体的各个部分，对照其他游戏者的动作做镜像动作，培养身体控制能力，产生运动概念。

游戏准备：准备 1 面镜子（能够照到全身的试衣镜），在游戏开始前，让游戏者熟悉镜像中的自己是如何活动的，让其自由练习，尝试摆出自己想象到的各种造型。照镜子示意图如图 4-23 所示。

图 4-23 照镜子示意图

活动方法：

（1）两人一组进行游戏，就像在生活中照镜子。其中一个人做动作，另一个人与他（她）正面相对，做他（她）的镜像动作。可以尝试各种简单的身体动作，如转体、摆动手臂、将手从头放到膝等，做动作的时候要放慢速度，避免对方反应不及时。两人相对做几个动作后，交换角色继续游戏。

（2）提醒游戏者在做游戏的时候不要只看自己，要注意对方的动作（如做的速度、改变动作的方式），努力和对方做同样的动作，做好对方的镜像。

（3）可以根据游戏者的年龄情况，安排适当的示范动作。例如，按照早、中、晚 3 个时段，让少年儿童回想在家里照镜子的时候通常会做些什么。也可以通过提问的方式，帮助游戏者回忆在日常生活里的哪些场景中会用到镜子，如在商场里试衣服。

（4）进行比赛，每人做 3 个动作，分别涉及不同的身体部位，看看镜中人能完成几个。采取小组测评的方式，让所有人参与打分，每个动作成功完成后可以获得 1 分，分高者获胜。

（5）提前准备一系列的表演片段（各种简单动作、影视作品或动画角色的经典造型动作或者武术套路等）给游戏者，让他们通过练习，最终能够做出一系列比较复杂的动作。

（6）游戏者可以围成圆圈或者排一条直线，然后对排头游戏者做出的动作进行传接，看看最后一名游戏者做的动作是否跟第一人的动作相同。

规则：做动作的时候注意速度，不要太快；不能中途频繁和快速地切换动作。

常规建议：可以借助镜像动作游戏探究人体运动的各个方面。例如，可以运用空间动作（如坐下、后退、伸展）、表现性动作和动感动作（如做流动般的动作，像波浪起伏），或者在做此活动时播放音乐，让游戏者随着音乐舞动身体，观察他们对音乐的反应。

游戏元素整合与谜题创编：

（1）镜子这个日常用品除可以用来梳妆打扮外，还可以用来创编谜题。例如，把一些文字信息、符号或图像制作成镜像的效果，然后将其放置在镜子对面的某个位置，让游戏者从镜子中获取信息（因为只有在镜子里信息才能以正确的方式呈现出来）。

（2）利用镜子的反射原理设计谜题。例如，对游戏场地进行改造，让游戏者借助镜子观察其他区域的情况。游戏者可以转动镜子，或切换自己的观察角度从镜面中寻找信息。也可以把游戏者分隔在不同区域，他们能够通过镜子观察同伴，并通过肢体语言交换信息。

（3）除了镜子，还可以寻找一些具有反光能力的物品作为替代品，如磨砂玻璃或者透明玻璃。由于普通透明玻璃的反射功能较弱，可以在游戏区域配备一些辅助物品（贴纸、涂料等），让游戏者利用道具制作出简易的镜子，然后通过镜子传递信息。

（4）将游戏者分散到场地各处，让他们通过肢体语言交换信息，相互了解各自所在区域中的具体情况。在场地上安置声控设备（设定声音的分贝数值），要求游戏者在活动过程中保持静默，一旦他们发出的声音分贝超过感应器的设定值，游戏环境就产生变化，或给予游戏者相应的惩罚等。模仿照镜子的游戏活动，可以通过融合一些其他的游戏元素创编出新的谜题，如借助肢体语言进行情感表达和信息传递的谜题。要注意根据游戏者的实际年龄和认知情况设计谜题，若超出游戏者的认知范围，游戏的体验感就会受到很大的影响，其智能发展达不到预期的效果。

2. 雕塑

目的：根据语言和声音节奏等相关线索进行游戏，训练身体控制力、稳定性、时机感和节奏感。

游戏准备：准备鼓、鼓槌（可以准备各种风格的音乐选段）。雕塑示意图如图 4-24 所示。

图 4-24　雕塑示意图

活动方法：

（1）开始击鼓（播放音乐），让游戏者在房间里随着鼓声做出各种动作，鼓声一停（音乐停止），游戏者立刻停止动作，他们必须在鼓声停止后保持最后一刻停止时的动作姿态，像雕塑一样站在原地，不可以继续做任何动作（可以参考木头人的游戏）。

（2）可以调节击鼓的次数，可以 5 下、8 下或者更多等；也可以改变击鼓的节奏和鼓声特性，如快速击鼓、慢速击鼓、多次击鼓、击打鼓的不同位置等；还可以播放特定的音乐选段，让游戏者根据音乐中的各个小节摸索规律，如每播放几个小节后音乐就会停止。

（3）确定活动时的节奏和保持姿势时的节奏。换言之，让游戏者在一段时间内进行活动，然后在另一段时间内摆各种造型姿势。例如，当鼓被击打 10 下时，游戏者可以进行活动，在鼓被连续击打 5 下时，游戏者需要立刻停止活动，重复 2～3 次后，改变节奏的类型。也可以让游戏者在快节奏音乐出现的时候活动，在慢节奏音乐出现的时候停止活动。

（4）可以指定一种姿势作为造型。例如，在击鼓次数小于 5 的时候保持活动，在另外 10 下鼓声中蹲下不动或者站着不动；或者在前几声中活动，在后几声中保持单脚平衡站立。还可以让游戏者共同完成一些较为复杂的动作姿态等。

（5）可以使用不同的打击乐器，规定有些乐器发出声音时，游戏者可以活动，当另外一种声音响起时，游戏者需要停止活动，并保持最后的造型，还可以规定不同乐器对应不同的姿态等。例如，鼓声响起时，游戏者要做出欢快有力的动作；小提琴的声音出现时，游戏者的动作要舒缓；当听到清脆的笛声时，游戏者要根据要求做出相应的动作；等等。声音停止后，也要做出规定的动作造型。

规则： 游戏者在该停止的时候没有停止活动，被判定为失败；虽然游戏者停止活动，但是在规定的时间内没有保持身体的足够稳定，也同样被判定为失败。

常规建议： 让游戏者排成一排，站在一名指挥者的身后，照着指挥者所做的各种动作摆造型。要事先告诉游戏者接下来会做什么动作。例如，前面的人走动，后面的人要跟着走；前面的人停下，后面的人也要停；如果前面的人跳，则后面的人也跟着跳；等等。

游戏元素整合与谜题创编：

（1）可以让游戏者根据获取的信息做出判断，各种乐器发出的声音对应哪些身体姿势；只有出现什么样的节奏才能进行活动；出现什么样的节奏需要停止活动。例如，当游戏区域中播放各种音乐时，游戏者需要根据音乐的音调和节奏，对自己的行为进行调整。也可以将游戏相关信息隐藏在不同的物品、道具和周边环境中，游戏者需要在规定的时间内获得信息，并解读信息中的内容。例如，在一个乐器上标识出某个身体姿势，提示游戏者听到这个乐器发出的声音时要做出相应的动作。根据音乐节奏对行动的时机进行分析和判断。例如，听到 1/4 节奏的时候摆姿势，听到 1/8 节奏的时候自由活动，等等。

（2）可以通过时间限制游戏者的行动，让游戏者在活动过程中寻找能够测量时间的物品和道具，然后根据游戏相关信息判断时间间隔（多长时间之后需要停止行动、多久可以再次活动）。看看游戏者能否在有限的时间内辨别出哪些物品可以帮助他们记录时间。

（3）让游戏者在特定的区域内做相应的动作姿势，这就要求他们在规定的时间内设法到达指定区域，并且能够解读出在什么情况下采取什么样的行动。例如，游戏者要穿越障碍，将一些物品运送到目标区域内，通过手中的工具和物品获取信息，然后根据信息中的提示，在提示音或其他信号发出时准确地做出相应的动作。这就需要游戏者对自身所处的位置做出判断，提前排除一些对自己摆造型不利的因素。

（三）表现力

1. 情感表现

目的： 学会通过身体动作表达不同的情感。

游戏准备： 准备一些抒情的音乐选段，以及音乐播放设备。情感表现示意图如图 4-25 所示。

图 4-25　情感表现示意图

活动方法：

（1）当游戏者听完一段音乐后，根据自己对音乐的理解和感受，在规定的时间内做出各种动作，用身体动作表现出音乐片段中的内容。然后，让游戏者描述自己对音乐的感受，可以提供一些表达情感的词汇，如快乐、悲伤或者兴奋等。

（2）可以从某种特定的情感（如快乐、悲伤、愤怒、郁闷）开始提问。例如："音乐给你带来了什么样的感觉？"当游戏者回答"快乐（高兴、开心）"时，鼓励他们做出各种快乐的动作："快乐时你的头会怎样摇晃？你的胳膊会怎样摆动？肩部、腰部和腿又如何呢？"接下来，选择一个抒发悲伤情感的音乐片段，可以向游戏者提问。例如："你在不说话的情况下，如何让周围的伙伴知道你很难过？悲伤时的嘴、眉毛和眼睛会变成什么样子？你身体的各部分在悲伤时都会有怎样的表现？会做出什么样的动作？"

（3）切换音乐的类型。播放一些令人感到慌张、疯狂、兴奋、恐惧或者无聊的音乐片段。鼓励游戏者表演恐惧、害怕、慌张、愤怒、激动、惊讶、愉悦、无奈、无助等样子。也可以启发游戏者想象音乐可能伴随的情境，如提示"就像你参加好朋友（同学）的聚会""在游乐场里玩耍""在优美的自然风景中散步""在阴暗潮湿的丛林中穿行""在狂风暴雨中等车""跟友人分别"等。

（4）鼓励游戏者联想（或提供一些自己喜欢的音乐选段）那些能够稳定他们情绪的音乐，鼓励他们讨论哪些音乐（及其节奏、速度、旋律、歌词）可以使自己感到快乐、愤怒、悲伤、忧郁和兴奋，游戏者可以选用一首或一段音乐来合作表演集体舞蹈，或互相表演动作，等等。

规则： 在动作表现过程中不可以说话，也不能发出任何包含提示的声响。

常规建议： 让游戏者观看一些音乐剧，看看艺术家们是怎样表现各种情绪的，跟自己想的是否一样，思考如果是自己在表演，则会用什么样的动作来体现音乐中的情绪；或者先让游戏者表演，再看相关视频中的动作，找出不同，了解不同人对音乐的不同理解。

游戏元素整合与谜题创编：

（1）在角色扮演类型的游戏设计方案里，特定的情节会要求游戏者做出相应的动作回应，或让游戏者在活动过程中保持安静（可以搭配音量监控设备），并通过肢体语言把谜题的相关信息传递给其他人。

（2）在一些合作类游戏主题中，可以将游戏者分组，并让他们进入不同的游戏区域，然后使用隔音玻璃隔绝游戏区域间的声音传递，使游戏者只能通过肢体动作传递信息。可以采用各种方式对需要传递的信息进行隐藏。例如，将信息隐藏在音乐、图画、雕像等艺术作品中。也可以改变游戏场地的地形，增加信息传递的难度。例如，在两个区域之间放置镜子，游戏者将自己的动作投射在镜面上，通过镜子把信息传递给其他区域的游戏者。

（3）可以让游戏者根据要求做出相应的动作，管理员在幕后通过监控器观察游戏者的表现，并对他们的动作是否符合要求做出判定。例如，在游戏过程中，播放几段不同风格的音乐，游戏者认真聆听音乐，根据自己对乐曲的理解，通过各种身体动作表达出音乐中的含义，与此同时，让其他游戏者识别这些动作所对应的信息，并根据信息的提示破解其他的谜题。

2. 表演故事

目的： 通过表演故事中的形象探究身体的表演潜能，提升表现力，产生运动、动作概念。

游戏准备： 准备连环画等配图书籍（有无文字说明均可）。表演故事示意图如图 4-26 所示。

图 4-26　表演故事示意图

活动方法：

（1）让游戏者阅读一段故事，明确书中的文字、图画讲述的内容，传递的思想，等等。如果游戏者不能很好地表述书中的内容，则提示他们：有没有其他方法能够告诉他人故事里说了些什么？

（2）围绕故事情节中的某一个片段进行示范，用动作表示出故事中的某些内容，如开门、关门、吃饭、读书、洗衣、做饭等。

（3）可以让游戏者讨论后总结，整个故事情节里有哪些部分是可以通过身体动作进行表演和展现的，然后让游戏者表演其中一个故事（可以通过掷骰子的方式随机抽选）。也可以边讲故事边出示相关图片，让所游戏者分组参与表演。表演完成后，再从头至尾表演一遍，看看与之前的表演是否有区别。

（4）可以让游戏者表演他们喜欢的故事或者是生活中亲身体验过的事情。也可以从小组中抽选一名游戏者负责讲故事，让其他游戏者根据故事情节进行表演。

规则： 全程不能说话，必须通过身体动作来表达事物，看谁的表演最符合故事情节中的描述。

常规建议： 把表演的故事以视频或照片的形式记录下来，然后将其制作成微型电影或连环画。

游戏元素整合与谜题创编：

（1）在设计角色扮演类游戏时，经常会使用到表演故事这种类型的游戏素材，主要是让游戏者按照剧本扮演相关角色，也可以在游戏中安排管理人员与游戏者进行互动（或者播放视频影像）。游戏者需要从剧情中寻找有价值的信息，并根据这些信息推理和判断下一步应该做的事情，然后尝试与其他角色进行互动，共同推进故事情节的发展。随着情节的不断推进，游戏者收集的信息也会随之增加，便于他们发现和破解游戏剧情中隐藏的更多谜题。

（2）与解密类游戏结合。游戏者通过身体表演传递信息，让其他人从自己的表演动作中识别出有价值的信息，用以破解谜题。例如，通过肢体摆出字母、文字和数字等。

（3）搭配声音控制道具（设定音量的检测数值），一旦游戏者在行动中发出的声音超过感应器的设定值，游戏环境就会发生某种变化，如切断电源、机关上锁、喷烟雾等。将游戏者分散到不同区域，让他们不能直接通过语言交流的方式传递信息，只能借助肢体语言，通过摆出各种身体姿势或者进行动作表演表达和交流信息。

（4）搭配音乐类游戏。在游戏过程中播放音乐，让游戏者根据自己对音乐的理解，通过肢体语言把音乐中蕴含的情感表达出来。与此同时，其他游戏者需要对这些肢体语言进行解读，从而获得破解相关谜题的提示信息。

（四）节奏感

1. 我心中的节奏

目的： 根据乐器的击打声做动作，学习节奏。

游戏准备： 准备三角铁套装，以及铃铛或木琴等。我心中的节奏示意图如图 4-27 所示。

图 4-27 我心中的节奏示意图

活动方法：

（1）让游戏者在场地里围成一圈，告诉他们通过声音尝试感受节奏，可以通过数数的方式记录节奏。游戏者要仔细聆听乐器发出的声音，然后让他们随着三角铁的敲击声拍手，稍后再试试其他的身体动作，看是否可以跟上拍子，如轻轻踮脚或摇手。

（2）当游戏者能够跟上节奏后，尝试改变击打乐器的节奏。让他们先听，再随着声音拍手，可以用小鼓击打出一个华尔兹的慢三步节奏（咚-恰-恰，即1-2-3，拍一拍再重敲），让他们跟着鼓声拍手或踏脚，或者随着鼓声进行原地踏步。

（3）让游戏者尝试一些其他的节奏，然后改变速度，让他们随鼓声在游戏场地里自由活动，鼓励他们在活动身体各部位的时候，发展出自己的行为模式。最后，让游戏者尝试按照自己的节奏和韵律进行运动。

规则：无论用身体哪个部分进行运动，都要符合音乐的拍子，做出的动作要符合鼓点。

常规建议：

（1）当游戏者对活动有经验后，让每个人根据节奏做出一些动作，并试着自己数节奏。例如，数第一下时跳起，数第二下时走步，数第三下时摇摆身体，等等。这里可以搭配华尔兹节奏中的慢三基本舞步（前进步、后退步），让游戏者自行选择。

（2）用铃铛和鼓等乐器改变击打的节奏。例如，可以先按照一个快节奏敲鼓，再用三角铁、铃铛（或木琴）敲出慢一点的节奏，让游戏者辨认这些节奏的快慢，然后让游戏者随着节奏活动，当游戏者逐渐适应后，试着改变节奏；也可以让他们轮流为大家敲鼓和摇铃，展现自己对节奏的理解。

游戏元素整合与谜题创编：

（1）在角色扮演类和互动类的游戏中，可以向游戏者传递各种信息，让他们按照要求完成相应的动作，帮助游戏者学习和适应不同类型的节奏。例如，让游戏者扮演小动物，并播放与各种小动物相匹配的音乐，游戏者需要根据音乐节奏和声调等信息，判断出每首音乐所表达的含义，然后按照音乐的鼓点节奏进行表演，模仿小动物的行为举动。

（2）搭配体感游戏设备，让游戏者在特定区域内按照各种音乐的节奏进行活动。可以限定游戏时间，如果游戏者不能在规定的时间内破解谜题，就会直接触发一些设定好的道具机关。也可以让其中一部分游戏者按照音乐的节奏始终保持相应的活动，为其他伙伴赢得更多的游戏时间。一旦游戏者做出的动作与音乐节奏不符，身处其他游戏区域的游戏者就会面临更多的麻烦。例如，让一名游戏者在音乐类体感设备前进行游戏，只要动作与音乐节奏不符的情况达到3次，就会导致另外一个区域中的机关道具发生变化（自动断电、出现烟雾或电磁锁关闭等）。

（3）根据游戏者的人数，分配给他们不同的任务。例如，在同一个音乐节奏中，不能用相同的身体部位进行运动。游戏者中要有人拍手，有人踩脚，有人扭胯，还有人做连续蹲起等身体动作。总之，游戏者做出的动作必须有明显的区别。可以为这类游戏谜题融入一些故事情节，让游戏者进行角色扮演，共同推进故事情节的发展。

2. 心声

目的： 通过发现个人的生理律动，熟悉节奏，训练对节奏的敏感性，培养辨认节奏、随节奏运动的能力。

游戏准备： 准备听诊器、时钟或秒表。心声示意图如图 4-28 所示。

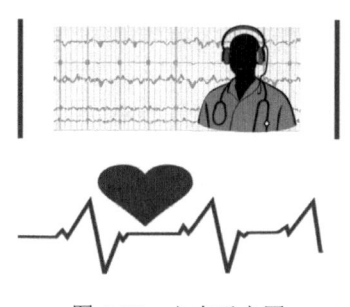

图 4-28 心声示意图

活动方法：

（1）告诉游戏者如何在颈部和腕部寻找自己脉搏的具体位置。当游戏者能够找到自己脉搏时，让他们通过用手打出拍子或者用脚踏出节奏的方式将心跳的节奏展现出来（可以使用听诊器互相听对方的心跳声，也可以用拍手或踏脚表示脉搏的节奏）。

（2）可以让游戏者用时钟或秒表轮流测试自己的心脏在 15 秒内的跳动情况，每名游戏者都要数清楚心跳次数。还可以为游戏者提供一张图表，用来记录在场游戏者的心率，看看谁的心跳速度最快，谁的心跳速度最慢，谁的心跳速度比较适中。测试完毕后，可以讨论心跳速度不一样的原因。

（3）安排一些渐进性的体育活动，先让游戏者走，再让游戏者跑或跳、快跑或快跳等。最好在户外开展游戏，让他们能够在一个比较大的空间里自由活动。每项运动结束后，让游戏者测试自己的心跳，看有什么情况发生，相比之前发生了哪些变化。给他们每人做一张图表，用来表示参与不同活动后的心跳变化情况。

规则：精准记录自己的心跳，根据活动的运动负荷量大小，按照次序进行活动，要控制时间。

常规建议：可以将活动扩展为几个部分，引入绘图、韵律、作曲等其他类型的活动。例如，可以让游戏者用各种打击乐器尝试击打出自己的心跳节奏，或用这些乐器表示自己在走、跑、跳时的心跳变化情况。也可以采用录音设备，将整个过程录下来，分享给更多的人。

游戏元素整合与谜题创编：

（1）通过心率测试仪检测游戏者在某个时段的心率。让游戏者在游戏过程中寻找可以计时的道具，或者利用获得的物品制作简易的计时器等。这样他们可以通过计时器计算自己的心率，并根据游戏要求，让心率达到某个数值的成员通过心率测试仪触发机关。为了能够破解谜题，游戏者需要采取各种手段调整心率。游戏可以把对心率的要求设定为100～110次/分钟，或者超过120次/分钟等。游戏者需要通过跑步、跳跃等身体运动提升心率，但是要注意控制运动负荷，将自己的心率保持在一个合理的范围内。

（2）在游戏区域里播放不同频率的心跳声，要求游戏者只有在听到特定的心率时，才可以进行相应的活动。当游戏区域内的心跳声发生变化时，游戏者需要根据心率变化，切换行动方式。这里可以模仿人体内部环境，结合医学科普知识创编情景类游戏主题。例如，可设置"奇异的旅行"游戏，模拟打造出人体的内部环境，每当心脏跳动频率发生变化时，预示着人体内部环境正在发生某些变化，游戏者可以扮演不同的人体器官、组织细胞、细菌、病毒等，根据角色的特点进行相应的活动。例如，游戏者扮演红细胞，当心率大幅提升的时候，可能是人体在进行体育锻炼，需要消耗大量的能量，身为红细胞的游戏者要模仿血液中的红细胞（运输氧气），搬运大量的物品到指定地点。可以让少年儿童通过参加这类模拟人体机能的游戏，学习和了解一些有关身体健康的知识。这样的谜题设计，不但有助于游戏者进行身体运动智能的训练，而且通过引入科学知识或科学实验等，将音乐智能、空间智能、逻辑-数学智能等其他智能领域相关的游戏元素融入游戏之中，帮助游戏者在活动过程中形成新的智能组合。

（五）产生动作创意

1. 身体造型

目的： 用身体摆出几何图形（或者数字、文字、符号等），发展人的空间感，产生动作创意。

游戏准备： 准备图形卡（画有三角形、正方形、字母、数字和其他几何图形等）或木块。身体造型示意图如图 4-29 所示。

图 4-29　身体造型示意图

活动方法：

（1）游戏需要分组进行，根据游戏题目的难度，确定小组的人数。简单的图形或符号一个人就可以完成，而复杂的图形或符号需要两个或两个以上的游戏者合作完成，鼓励游戏者联合起来用身体做出游戏提供的各种形状。

（2）尝试做出各种形状，如几何图形、英文字母或简单的汉字。可以让游戏者自由发挥，将自己心中所想的图形或符号表现出来，允许自由组队，但是对人的数量要进行限制。当然，也可以让全体游戏者共同组建一个复杂的图形。

（3）让游戏者通过身体摆出更多复杂的形状，要求每个小组都构成某个形状，并向其他游戏者展示成果。鼓励游戏者想出各种方法，并相互交流、借鉴经验。如果所有小组都没能形成游戏要求的形状，则可对游戏者进行重新组合。当两个小组都组成了同一个图形，但是方法不一样时，比一比谁的更简单。

规则： 通过身体摆造型，全程不可以借助任何工具。

常规建议： 鼓励游戏者用各种各样的方法摆几何形状，如躺平、坐着、站立、趴下和采用各种支撑动作等。游戏者可以进行讨论，指出他们各自想法的不同之处。如果游戏者感觉有难度，则可以让他们先用塑料管、牙签拼出图形，再用身体摆造型。

游戏元素整合与谜题创编：

（1）在游戏区域中标识出相应的符号、图形或者数字等（在地板或墙壁上），让游戏者自己或与他人进行配合，完成各种身体造型。例如，英文字母 A，既可以通过两人站立来构建，也可以通过侧卧在地面上来摆成。这里可以搭配重力感应设备，也可以根据需要在一些区域里布置金属感应触碰设备，要求游戏者结合某些道具完成造型的搭建。

（2）把身体摆放的造型与密码信息结合起来，让游戏者通过身体动作将字母、数字或文字之类的符号信息传递给队友（使用肢体语言，远距离传递信息）。

（3）设计游戏谜题时，可以要求游戏者共同搭建一系列较为复杂的造型或建筑等。每当游戏者成功搭建出一个造型，就可以获得各种形式的奖励，如机关开锁、电源通电和触发故事情节等。也可以对游戏者进行分组，看谁能够在限定的时间内率先完成任务；或者设定一个标准，让游戏者利用有限的资源设法达到标准，成功和失败会导致环境发生不同的变化。

（4）在海外的一档综艺节目中，有一款难度比较高的身体造型游戏，是用塑料泡沫提前制作好一堵堵墙壁，并在墙壁上面抠出各种形状。当墙壁通过轨道向游戏者移动的时候，游戏者需要根据墙壁上被抠掉部分的形状，用身体摆出相应的造型，并从墙中穿过。有些造型需要游戏者具备一定的体操功底，如双手倒立、在双杠上做支撑等。中央电视台曾引进这款游戏，命名为"墙来了"。对这款游戏的难度进行调整，可以让更多的人参与其中。在设计游戏谜题的时候，可以借鉴这个类型的游戏活动，将其放置在场地中央区域，让游戏者不停地穿越墙壁，到不同的区域中寻找所需的道具；也可以加入更多的干扰因素，如调整游戏区域的明暗度或增加需要搬运物品的种类和数量等。这样的谜题设计通过组合法将游戏元素进行融合，对人的身体运动智能和空间智能的发展有促进作用。

2. 扮演机器

目的： 用身体模仿机械设备，探索身体各个部位的运动能力，了解结构与功能的关系。

游戏准备： 准备食品搅拌机（破壁机、料理棒、面包机等）。扮演机器示意图如图 4-30 所示。

图 4-30　扮演机器示意图

活动方法：

（1）把一台食品搅拌机或其他小的机器放在桌上（或者播放相关设备的工作视频），让游戏者观察并轮流操作。然后，引导游戏者从结构与功能的关系的角度探讨各种机器零部件的工作（例如，当拉扯相关零部件时，引起食品搅拌机中心轴、刀片旋转，食物发生变化），演示每个零部件的运行如何影响其他相邻零部件的运行。

（2）让游戏者用自己的身体扮演机器，每名游戏者扮演机器的一个零部件，就像桌子上（视频里）的机器，将所有零部件聚合在一块构成一台完整的机器。以食品搅拌机为例，让游戏者每人扮演食品搅拌机的一个部分，他们可以先模仿和练习自己要扮演的机器零部件的运动，等大家都熟悉之后，让小组成员进行分工配合，共同完成模仿机器运转的任务。

（3）把游戏者分成 5~7 人小组（根据游戏难度适当调整每组的人数）。让游戏者"异想天开"地扮演他们选择的机器设备，讨论每个人可以扮演哪些零部件、做出哪些动作。可以观察身边场地上的其他机械物品，并从中寻找灵感。

（4）游戏者可以发明一个自己想象中的机械设备，如包饺子的机器。可以让他们先描述机器的外观和形状，再帮助他们思考机器需要的零部件，如输送饺子皮的零件、放饺子馅的部件、帮助饺子皮闭合的部件，明确各个零部件之间的联动关系等。让游戏者思考还有没有其他的身体运动方式，尝试模仿更多机器的零部件。

（5）游戏结束后，让每个小组成员描述自己扮演的部分，然后向其他游戏者说明该小组的机器如何工作。鼓励小组间进行经验交流。

规则： 小组成员扮演机器的时候，需要分工明确，每人负责扮演的零部件要有名称，能够说出该零部件在机器中的作用。

常规建议： 可以参考日本 20 世纪播出的一档综艺节目——《超级变变变》，

节目收录了大量的民间创意,主要通过身体动作表达各种事物,允许使用各种道具配合演出。

游戏元素整合与谜题创编:

(1)对游戏者进行分组,让他们分别进入不同的游戏区域,然后按照游戏提示,合作扮演各种物品,如家用电器、厨具、交通工具等。身处不同区域的游戏者需要通过身体表演相互传递信息,并根据同伴的表演情况判断他们扮演的是什么物品。

(2)让游戏者按照游戏提示,合作扮演各种物品。例如,讲一个故事,其中涉及很多日常用品,当故事情节提示到某个物品时,游戏者需要在限定的时间内,设法运用各种身体动作将该物品展现出来。可以事先让游戏者对相关物品进行了解,给他们一定的时间思考对策。当故事开始后,游戏者需要集中注意力,根据故事情节做出相应的动作。

(3)除文字、图片、视频等提示信息外,还可以播放各种机器在工作时发出的声音,让游戏者先通过声音判断自己需要模仿什么物品,再寻找相关道具配合完成该机器的模仿任务。这样的谜题涉及身体运动智能、空间智能、音乐智能和人际沟通智能等多种智能。

(六)对音乐做出呼应

自由舞蹈

目的: 通过音乐产生动作创意,训练对音乐的反应、表现力、身体控制。

游戏准备: 准备音乐播放设备,以及表达各种情感的音乐选段。自由舞蹈示意图如图 4-31 所示。

图 4-31　自由舞蹈示意图

活动方法：

（1）播放音乐，让游戏者随着音乐跳舞，要求按照自己对每首乐曲的理解和感受进行自由舞动。

（2）先让游戏者倾听音乐选段，再提问："这段音乐会让你想到什么？你只有做出怎样的动作才能表达出对音乐的感受呢？"如果他们回答说这段音乐像进行曲，就请他们在场地上模仿阅兵方阵；如果这段音乐让游戏者感到愉快和幽默，就让他们尝试做一些有趣或者搞笑的动作。

（3）可以让游戏者随音乐起舞，音乐停下时他们就停下，并让他们保持刚停下时的姿势。也可以让游戏者自己选择何时停下音乐，并对停下时自己所做的动作进行说明。

（4）播放一些节奏轻缓、使人感到安静的音乐，让游戏者在地板上找个地方坐下或者躺下，慢慢地欣赏音乐。

规则： 认真聆听音乐，不要喧哗，要求在规定的时间内做出相应的动作；可以将一些要求细化。例如，有节奏，即要求游戏者随音乐的变换实时调整自己动作的节奏，跟上节奏，踏准节拍；做好空间利用，即要求游戏者在活动空间里做上、下、左、右及各个方向的运动；有表现力，即要求游戏者做出很多表情，让他们随音乐的改变而对表情做出相应的改变；产生动作创意，即要求游戏者在不同的歌曲中练习舞动身体，并尝试创作出属于自己的各种舞动方式或动作组合。

常规建议： 让游戏者分享他们喜欢的音乐；引入各种舞蹈类型的视频影像，为游戏者提供展示各种关键的运动能力的参考资料。

游戏元素整合与谜题创编：

（1）播放一些能够展现自然现象的音乐片段，让游戏者根据听到的音乐，进行分工协作，共同搭建一个完整的场景。在游戏过程中，可以借助道具，也可以通过合作的方式舞动身体进行展现。例如，游戏中播放的音乐让人联想到秋风扫落叶的景象，游戏者需要思考如何通过身体表现出自然环境中的风、树木、落叶和小动物等事物。

（2）通过舞动身体传递信息。将游戏者分隔在不同区域里，并对各区域进行隔音处理，然后让其中一个区域的游戏者根据音乐的节奏和内容自由舞动，将音乐中蕴含的信息通过肢体语言传递给其他区域的游戏者，如喜怒哀乐、季节变换、故事情节等信息。

（3）在音乐播放设备里准备好不同类型和风格的音乐文件，然后对游戏者进行分组（可以通过抽签的方式选择音乐；也可以让游戏者在规定的时间里，从游戏区域中寻找音乐的相关提示信息，最终确定自己所对应的乐曲）。接下来，所有游戏者在指定地点，根据音乐播放设备中传出的声音迅速做出反应，抽选到哪一名游戏者的对应曲目，哪一名游戏者就要在规定时间内随着音乐自由舞动。例如，音乐代表不同天气，有晴天、多云、阴雨等，或者代表花、草、树、木等植物。当游戏场地中音乐开始播放的时候，游戏者需要判断这段音乐是否属于自己小组的音乐类型，然后做出相应的舞蹈动作予以回应。如果游戏者未能在规定的时间内做出与音乐相匹配的身体动作，或做出的动作不符合要求，则会给予相应的处罚，如扣除道具、切断电源、移动墙壁等，这都会影响到后续其他游戏活动的推进。

第二节 机械和建构活动领域游戏创新素材

一、机械和建构活动概述

参加机械和建构活动，可以让游戏者有机会通过使用各式各样的工具和小器械对物品进行拆解、组装、改造，并从中学习解决简单的机械问题的方法。本节提供的游戏活动素材旨在让游戏者练习操作生活中的各种常用工具，帮助他们提升解决现实问题的能力，并加深他们对物理世界基本原理的理解。

在一般情况下，少年儿童对各种机械和建构活动特别着迷，因为这种活动是真实的、直观的，他们可以目睹成年人如何使用工具、摆弄机械，有时还能上手帮忙，这样能使他们注意到真实的生活情景与校园中的学习情景之间存在很大差异。参加机械和建构活动激发了少年儿童的在学校传统课程中不被关注的智能，对纸面学习与解题任务不感兴趣的少年儿童很可能乐于面对和迎接这方面的挑战。例如，他们可能知道如何用牙签或吸管来搭建房子，怎样在不接触物体的情况下使物体移动，等等。因此，机械和建构活动可以培养人们的自信，还能带动他们对其他领域知识的学习。例如，喜欢这类活动的人群很有可能因此而对阅读和书写产生兴趣，因为他们为了解决现实问题，需要通过查阅相关文献资料、与人交谈等方式获取更多关于工具、机械及其结构等方面的知识。

机械和建构活动在强调动手操作的同时，也让游戏者有机会从中学习各种概念、新的文字和词汇、分工协作等学科类或非学科类技能。例如，在游戏中进行实验、测试和记录数据的同时，游戏者可以学到如何使用各种图表来表示所获得的信息；当他们在桌子上模拟建造城市的时候，他们的语言表达、协商和互助的能力也得到了相应的提升。

机械和建构活动让少年儿童知道，他们不仅要了解机器，还要学会使用钳子、锤子、扳手和螺丝刀等工具拆装或改造损坏的物品。在校园环境里，机械和建构活动可以作为一个不错的探究活动，帮助少年儿童扩散思维，训练其实践动手和解决问题的能力。此外，这类活动可以将少年儿童拉进生活，培养他们观察生活和周边事物的习惯。

在机械和建构活动的准备阶段，一定要注意向游戏者强调使用工具的安全方法，并且制定安全活动规则。在游戏过程中，要全程监控游戏者的行为，确保他们的人身安全。

（一）理解结构与功能的关系

（1）在观察各种物品的基础上，尝试推测其中各要素之间的关系。
（2）能够理解部分与整体之间的关系、部件的功能及其组装的方式方法。

（二）空间感知能力

（1）能够建构和重构各种简单物品及机械（平面或立体的物件）。
（2）能够全面了解机械各零部件之间的空间关系，学习利用机械解决问题的方法。

（三）利用机械解决问题

（1）能够条理清晰地解决与机械相关的问题。
（2）在对信息进行比较的基础上，能够概括出一些精细的动作技能。

二、机械和建构活动领域游戏的素材与创编

（一）理解结构与功能的关系

1. 拆卸

目的：学会使用各种工具，通过拆卸了解物体和器械的基本构造；理解结构与功能的关系，训练精细的小肌肉群操作技能。

游戏准备： 准备待拆卸的物品（如钟表、打印机、淘汰的手机等）、工具箱（如扳手、钳子、一字形螺丝刀/十字花螺丝刀、钢丝剪、L 型扳手）、用来装各种零部件的容器。拆卸示意图如图 4-32 所示。

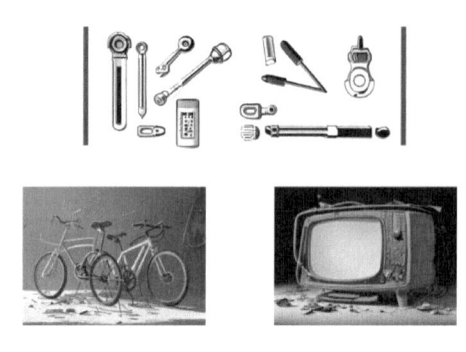

图 4-32 拆卸示意图

活动方法：

（1）游戏分组进行，发给每组一些空盒子、工具和 1~2 件废弃的待拆物品。

（2）告诉游戏者利用工具拆卸物体，但不准破坏或打碎物品。可以将零部件回收，在之后进行拼图、组装新物件等游戏时继续使用这些被拆开的零部件。

（3）游戏者分组谈论各种装置的结构，并根据游戏提出的各种问题进行思考。例如，螺丝刀能帮助我们干什么？不同的扳手都可以做什么？在拆卸一些小物体的时候，用手直接拆卸和用工具拆卸哪个更方便？

规则： 禁止暴力拆卸任何道具，按照要求使用和回收工具，注意安全；可以根据游戏者的年龄情况，对时间进行规定。

常规建议： 当游戏者拆卸物品后，鼓励他们用拆下来的零部件组装新的物件，可以把这样的活动称作"创意工作坊"。这些活动的目的不在于让游戏者发明出真正可用的东西，而是给他们提供设计、制作属于自己的物品的机会。鼓励游戏者为自己设计的物品命名，并列出具体的使用说明（有条件的话，对具体操作进行录像）。此外，让游戏者对拆出的零部件进行分类，让他们说出这样分类的理由和依据。

游戏元素整合与谜题创编：

（1）可以跟所有需要道具的游戏融合，如障碍类游戏、机械类游戏、户外拓展类游戏等。很多游戏活动只有借助道具才能正常进行，游戏者可以对这些道具和器械进行反复拆卸与组装，如手电筒中的电池、音响中的磁铁、门锁中的零部件、桌椅板凳和书架等。在这一类谜题中，拆卸道具主要是为了隐藏，让游戏者自主寻找能够协助自己完成任务的物品。

（2）游戏者可以通过使用工具，将场地上各种类型的道具拆卸，然后利用其中的一部分或者某些零部件来协作自己破解其他谜题。例如，在渡河游戏中，可以将家具之类的木质物品拆卸，然后把木板作为渡河用的垫脚石。可以将一些道具或者信息放置在一个盒子中，让游戏者寻找工具对盒子进行拆卸，期间可以借助螺丝刀、扳手等工具拧掉盒子上的螺钉。也可以将拆卸后的物品与其他道具组合。例如，让游戏者通过拆卸音响，从中取出磁铁，再用绳子拴住磁铁，就可以隔着栅栏门获得远处的金属物品。

（3）有拆卸就会有组装。游戏者在完成物品拆卸的工作后，需要根据情况对其零部件（全部或部分零部件）进行重组，用以破解其他谜题。例如，在罗马战车游戏（按照图纸和各种绳结打法组装投石车）中，在游戏场地上准备一个由木棍构成的架子，让游戏者将其拆卸，再通过绳子把这些木棍重新捆绑在一起，便可得到一个简易的投射装备，用其投射目标。

2. 组装

目的：通过拆装物品理解结构与功能的关系，训练精细的小肌肉群操作技能。

游戏准备：准备一些待组装的物品（废弃计算机、电器、生活用品的零部件等），以及工具箱套装。组装示意图如图4-33所示。

图4-33　组装示意图

活动方法：

（1）展示一台生活中常见的机器，如食品搅拌机、计算机和音箱等，另外搭配一套常用工具。通过提问或发放提示卡片等方式开始游戏，问游戏者知不知道这些物品是什么，都有什么用处，在什么地方可以看到这些物品，是否用过这些物品，等等。

（2）让游戏者分组进行游戏，可以互相协助把一台机器拆开，然后进行重新组装；也可以直接给他们一些零部件（配备相关图纸）；或者每组发一台不同的机器，鼓励他们拆卸之后进行交换组装，如第一组拆的机器由第二组组装。

规则： 禁止暴力拆卸或者破坏任何道具，按照要求使用和回收工具，注意安全。

常规建议： 让游戏者尝试使用食品搅拌机，可以问游戏者一些关于机器的问题，如这样的厨房用具是怎样工作的？在搅拌不同硬度的食物时会怎么样？除常规用途外，这台机器还可以做些什么？另外，可以鼓励游戏者用纸和笔将整个机器和拆开的零部件画下来，询问游戏者这些图形对他们的拆卸和组装是否有用。还可以提供给游戏者一些其他的家用产品，如手电筒、削笔刀、钟表等，让他们拆装，同时仔细查看机械的各种零部件，并尝试说出它们的功能。此外，也可以给游戏者提供更多不同类型的物品，如玩具枪械、模型汽车和飞机等。

游戏元素整合与谜题创编：

（1）将拆卸游戏中需要的一些道具及其零部件摆放在游戏区域的不同位置。游戏者在破解谜题的时候，首先思考是否需要借助某些物品或道具处理问题，然后在游戏区域里搜寻各种零部件，根据情况对它们进行组装。例如，组装木质的枪械、弹弓或者投石车等投射类道具，用于击倒远距离的物品；组装手电筒用以照明；组装钟表帮助自己计算时间，等等。

（2）在一些游戏中设置各种障碍，让游戏者借助相关工具解决问题。在游戏开始前，将所需道具分解成若干份，让游戏者首先完成零部件搜索的工作，然后对获取的物品进行辨别，最后根据具体需要进行组装。谜题设计可以参考野外生存游戏，让游戏者学着利用各种资源创造出多样化的物品或工具，如自制竹筏、斧头等简易工具。游戏中设定的物品不一定都是人造物品，也可以是来自大自然的天然物体（树木、石头、泥土等）。

（3）可以搭配拆卸类游戏。将游戏所需的重要物品隐藏在其他物品中，游戏者需要先拆卸场地上的一些物品，再对它们的零部件进行重新组装，用以协助自己完成相关游戏任务。

（4）除了让游戏者对一个物品进行拆卸和组装，还可以在游戏区域中预先放置很多物品或道具（相同或者不同类型的均可），鼓励游戏者发挥想象力，尝试将不同的道具整合在一起，创造出新的道具，然后用它去处理问题。例如，在房间里摆放两个可拆卸的置物架，只要把它们拆卸，就可以重新分配零部件，将其拼接成一个更高大的置物架。还可以搭配一些电器设备，如投影仪、电风扇和加湿器等，要求游戏者必须将它摆放在距离地面2米高的位置。因为游戏设计人员把墙壁上的电源调整到了更高的位置，根据电器设备的电线长度，游戏者需要利用手中的物品制作出一个高的置物架。

（二）空间感知能力

1. 玩黏土

目的： 用黏土构建各种物体，掌握让物体平衡的技巧，制作立体作品，进行设计和计划，检验假设。

游戏准备： 准备若干各种颜色的黏土、尺子、冰棍棒、弹簧、回形针。玩黏土示意图如图4-34所示。

图4-34 玩黏土示意图

活动方法：

（1）让游戏者先自由地玩黏土，可以按照自己的意愿进行创造。在自由创作之后，给每名游戏者分配相同数量的黏土，让他们进行比赛，如看谁造得物体最高，然后让游戏者比较各种物体底座的大小和形状，猜猜怎样制作能够让物体又高又稳固。让他们再试着制作一次，尽可能搭建一个最高的结构。检验自己的假设是否正确，反复几次之后，看看能够将物体堆砌到多高。

（2）给游戏者一些绳子，让他们测量所搭物体的高度和底座的周长，帮助他们进行比较，找出最长的那一根绳子。游戏者也可以通过画线条和图形进行比较，或者把长度与物体高度和底座周长相同的绳子直接粘贴在纸上，表示物体的高度和底座周长。

（3）让游戏者试着搭出一个新的物体或造型，它的高度要大于底座周长。提示游戏者可以用一些其他的材料（如冰棍棒、纸板等）帮助他们建造又高又稳固的物体。最后，让游戏者把自己搭的东西介绍给其他小组，鼓励他们说出遇到的各种有关建构的问题及自己想到的解决方案。

规则：在规定的时间内将黏土制作成各种形状的物体，要求稳定、结实。

常规建议：在游戏开始前，可以向游戏者展示一些城市或者乡村的建筑物（播放关于各种建筑物的视频）；让游戏者平时多注意观察和收集身边各种建筑物的资料，可以在旅游、出行的时候将看到的物体画下来或进行拍照。

游戏元素整合与谜题创编：

（1）可以让游戏者根据要求或者提示信息制作相应的黏土模型，也可以对要制作的黏土模型的重量、体积、颜色等进行限制。例如，制作一个重量为500克的微型建筑，要求高度为20厘米，游戏者需要在制作黏土前寻找能够称重的工具，或者通过搜集零部件手工制作一个称重器具。同时，游戏者还要考虑建筑物的高度，当自己搭建的物体达到某一个高度后，明确它是否能够保持稳定状态。

（2）可以将黏土替换成密封用的胶泥，让游戏者对游戏区域里一些道具的缝隙进行封堵。例如，模拟生活中对厨房和浴室中管道周边缝隙进行密封的相关场景，让游戏者在处理问题的过程中，不仅可以发展多种智能，还可以学习一些生活常识。

（3）在游戏中设定一些特殊材质的黏土，如只有加热才能软化的黏土。游戏者需要将这种特殊的黏土放置在温度较高的环境中，等黏土软化后，在这个短暂的时间段内尽快使用黏土完成一些造型的制作。可以在游戏区域里放入水壶、高硼硅玻璃杯、铁锅、微波炉等可以对水进行加热的器具；也可以将某些器具拆卸后分散在游戏区域里，游戏者先要判断哪些道具可以加热、哪些道具需要通电等。

（4）让游戏者合作完成一个黏土模型。把游戏者分散到不同的游戏区域里，每人手中的黏土十分有限，只能制作模型的一个部位。游戏者需要根据大家手中黏土的具体情况（黏土的颜色、重量等），分工制作不同的部位，最后将其拼接在一起。这需要游戏者对模型的尺寸进行精确把控。可以在游戏区域中放置测量工具，让游戏者设法将测量工具传递给其他人，帮助大家精准控制各自手中黏土模型的尺寸。

2. 搭建木质结构

目的： 通过搭建木质的各种物体，掌握让物体平衡的技巧，寻找设计的感觉，学会运用策略。

游戏准备： 准备不同形状和大小的木块（木板、木条）、颜料、木工专用胶、双面强力胶（用来装饰建筑）、彩色画笔。搭建木质结构示意图如图 4-35 所示。

图 4-35 搭建木质结构示意图

活动方法：

（1）提醒游戏者在游戏过程中不能使用锤子和钉子，而是用木工专用胶、双面强力胶将各个部分固定在一起。可以通过播放视频或者现场演示的方式向游戏者说明如何使用木工专用胶、双面强力胶。鼓励游戏者围绕相关话题进行讨论，如怎样用木头建立一个坚实的基座？这个基座能够起到什么作用？等等。

（2）让游戏者搭建一个自己想象中的形状或建筑物，可以用不同形状和尺寸的木块、木板和木条。在活动过程中，可以向游戏者提问有关平衡的问题引发他们思考。例如，怎样在细小的物体上放一个宽大的物体并让其保持稳定？如何在圆的物体上放一个方的物体？在两个物体上放第三个物体的方法有多少种？在哪个地方加一块木头会使搭建的物体更加稳固？从哪里移走一个物体不至于使该物体立刻倒塌？

（3）告诉游戏者使用胶水粘物体的时候，至少要将粘好的物体放置一段时间，给胶水足够的时间让其变干，这样会粘得更加牢固。给游戏者一些颜料或者画笔，鼓励他们发挥想象力，对搭建好的物品进行装饰，并相互评价，看看谁的建筑物更加美观。最后，让他们展示自己的作品，鼓励游戏者为作品附上一些感言，如作品搭建的方法、让它保持稳定的窍门、最后上色部分的灵感等。

规则：在规定的时间内完成给定的任务，不能对木块进行破坏，所搭建的物品要具有一定的稳定性。

常规建议：让游戏者观看一些建筑图画（从书籍、旅游杂志、相关科普视频中），如帝国大厦、埃菲尔铁塔、金门大桥、金字塔、泰姬陵、天坛和故宫等。鼓励他们用木块搭建一个模型，如塔、金字塔、穹形之类的建筑等。建议游戏者先在纸上画草图，再开始游戏，搭建完毕后，让他们说明哪些部分起了作用，哪些部分没起作用，哪些改变了他们的设计，并阐述理由等。

游戏元素整合与谜题创编：

（1）可以与拆卸和组装类游戏进行搭配。在游戏场地上提供各种木质结构的道具，让游戏者根据需要对其进行拆卸，并从中获取其零部件用以破解其他谜题。例如，将一个木质结构模型枪的零部件分别放置在其他物品之中，游戏者首先需要破解一系列谜题，逐步收集这些零部件；然后要在游戏区域中寻找模型枪的图纸，并按照图纸中枪械的组装方法，把手中的零部件拼装起来；最后通过自制的木质结构模型枪对远程目标进行射击。这里的谜题设计通过拆解法，把模型的零部件、组装图纸、枪械的子弹（橡皮筋）等相关物品分散到了更多的游戏活动之中（组装游戏、寻找物品、远程射击），从而构建一个较为复杂的游戏环境，有助于游戏者各种智能的协调发展。

（2）可以把一些与谜题相关的信息隐藏在一些木质结构的道具中。例如，引入鲁班系列的木质结构玩具，需要游戏者将其拆卸后获取内部的信息；或者在零部件上制作标记。只有将整个物体组装完毕，游戏者才能从它上面看到完整的信息标记。

（3）可以通过搭建木质结构的物体，帮助游戏者完成其他游戏任务。例如，组装木头板凳，游戏者可以借助板凳获取高处的物品。也可以在规定的时间内，让游戏者在指定区域内寻找和收集所需的零部件及相关工具，并搭建一个木质结构建筑物，让它遮挡不同方向射来的激光，以避免激光击中感应器（导致相关道具被锁定）。在这里，游戏者不仅要完成木质结构建筑物的搭建工作，还要根据激光射线的路径，调整木质结构建筑物的形态和摆放的位置。

(三) 利用机械解决问题

1. 坡道滚动

目的：了解坡道及坡道上物体的运动情况。

游戏准备：准备 15～20 厘米长的木板、木块或书本，两个相同的皮球（或者玩具汽车），不同重量和大小的球体（玻璃球、乒乓球），测量工具（大小不同的立方块、尺子、绘图纸）。坡道滚动示意图如图 4-36 所示。

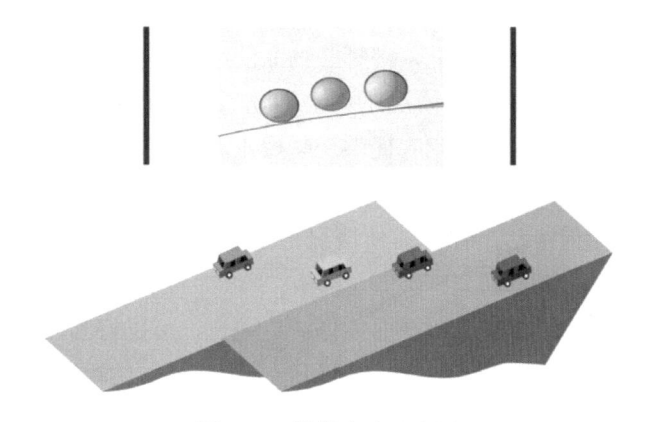

图 4-36　坡道滚动示意图

活动方法：

(1) 分组进行游戏，比较在高度不同、长度相同的坡道上同时滚动一样的球体（球体的直径比坡道的宽度小）会出现什么样的结果。鼓励游戏者搭建两个不同的坡道，一个 5 厘米高，另一个 8 厘米高（在此之后，游戏者可以尝试搭建更高的坡道），让他们预测球体是从较高（陡）的坡道上滚动下来速度更快，还是从较矮（缓）的坡道上滚动下来速度更快。可以引导游戏者用木板挡在坡道的底部，便于观察哪个球体先到坡道底部。

(2) 鼓励游戏者分工合作进行实验（放置球体，倒数计时），记录数据，仔细观察并讨论结果，思考坡道的高度是如何影响球体滚动速度的。

(3) 如果拿开坡道底部的木板，让球体继续滚动，则哪一个球体滚出的距离更远？让游戏者用多种方法测量球体滚动的距离（如用立方块、绳子、尺子测量，或用绘图纸铺在坡道底部的地上测量），观察球体停下的位置，记录好数据后进行小组讨论。

（4）如果坡道的高度相同，滚动的球体不同（大小、质量、材质等不同），那么会产生什么现象？找出各种不同的球体，做两个相同高度的坡道。让游戏者自己提出问题，设计实验并寻找答案。例如，两个外观（体积）相同、重量不同的球体，哪个滚动得更快？哪个滚动得更远？两个体积不同的球体，哪个滚动得更快或者更远？

规则： 要求坡道不能出现断裂，物体在滚动过程中不可以掉落（减小误差）。

常规建议： 让游戏者把各种物品放到坡道上滚动（如玩具车、水笔、电池、螺钉、鸡蛋、水果等），看看哪些物品能在坡道上滚动，而哪些物品滚动起来比较困难。如果在坡度较大的坡道上，则哪些物品能够滑动？哪些物品在某种放置情况下会滚动，但在另一种放置情况下不会滚动？哪些物品滚到坡道底部时比较稳？而哪些不是？此外，给游戏者提供一些橡皮泥或黏土，让他们制作各种形状的物体，在游戏开始前预测哪些物体会滚动，哪些不会滚动。鼓励游戏者观察各种形状的物体如何滚动，并将具体情况记录下来，最后进行小组讨论。

游戏元素整合与谜题创编：

（1）利用游戏区域内的各种平面物体搭建坡道，可以将其逐个连接延长坡道的长度，让球体滚落到指定位置。也可以将一个类似桥梁的轨道拆解成若干部分，让游戏者思考如何恢复或者重新搭建这个桥梁。要求游戏者在规定的时间内完成桥梁的搭建工作，否则因桥梁的部分路段缺失，在特定时间出现的球体会滚落到游戏区域之外，造成游戏任务失败。

（2）搭配组装类游戏。例如，游戏设计人员会提前搭建好桥梁的部分结构，然后让游戏者补全桥梁的缺失部分。游戏者首先从场地上获取搭建桥梁所需的物品和工具，然后根据图纸对断桥部分进行安装。断桥部分的修补工作，并不是让游戏者直接将木板或塑料片粘连在原有的桥体上，而是把一节凹槽轨道固定在旋转设备上，游戏者在远处通过压力进行调节，做到对这一节轨道的精准控制（让游戏者在一个类似跷跷板的踏板上站立，通过双脚来平衡踏板，以便让断桥部分转动到一个适合的角度，将之前断裂的桥体补全）。这里不仅考验游戏者的坡道搭建能力，还可以培养他们的团队协作精神。

（3）让游戏者通过坡道对各种材质的球体进行实验，测算在不同角度坡道上球体的滚动特征，用以给身处不同区域的游戏者输送合适的球体。例如，投掷游戏中需要足球、篮球和排球等，用来完成投准游戏。可以对游戏的时间进行限制，让游戏者在有限的时间内对场地环境做出判断，然后搭建适当的坡道完成对球体的运输工作，看谁在单位时间内搬运的东西更多，或者球体运输的数量达到一定标准后会直接触发机关道具。

（4）可以利用坡道游戏改变各种机关道具的触发方式。例如，需要在 30 秒内将一些小球滚动到某一个容器中，容器中安装重力感应设备，根据滚落球体的重量触发道具。也可以安装金属感应设备，当金属铁球堆积到一定高度的时候，便可以触发金属感应器。这里可以放置各种材质的球体，只提供一定数量的金属球体，让游戏者先将其他球体滚落到底部位置，然后将金属球体滚落到上层，完成对金属感应器的触碰。

（5）与障碍类和物品搬运类游戏相结合。例如，在游戏场地上搭建不同坡度的障碍路段，要求游戏者在通过这些特殊路段的时候携带一些体积较大的物品。为了增加游戏难度，还可以在坡道路段的表面涂抹一些润滑剂，让游戏者在坡道上难以立足。

2. 杠杆

目的：了解如何利用杠杆将物体搬到高处，培养观察能力和解决问题的能力。

游戏准备：准备纸板或纸盒、鞋盒（装一些沙子在里面）、尺子、漏斗、木块、绳子、冰棍棒。杠杆示意图如图 4-37 所示。

图 4-37　杠杆示意图

活动方法：

（1）把一块木块放在一个鞋盒里，让游戏者将它拿出来，但手不能直接碰到物体或者鞋盒。给游戏者各种材料，如磁铁、小木块、绳子、尺子、冰棍棒等，看他们能想出多少种办法来完成这个任务。

（2）当游戏者可以通过多种方法将木块从鞋盒中取出后，让他们讨论这些方法的特点，并提出问题：你认为哪种方法最方便？哪种方法更高效？哪种方法最麻烦？哪种方法最费力气？

（3）让游戏者画出或写出这些解决问题的方法和策略，并将作品放在鞋盒旁边，以便其他游戏者检验这些方法和策略的效果。告诉游戏者，当使用一个物体搬动另一个物体时就形成了一个简单的机械。

规则： 在限定的时间内进行游戏，期间不可以用手触碰需要搬运的目标物体，不能使用游戏所给的工具范围之外的道具。

常规建议： 让游戏者用杠杆多做一些实验。给他们一个10厘米长的木板和木质圆筒作为支撑轴和杠杆，将支撑轴放在杠杆的中心，看它们能把多少纸抬到一张椅子的高度。将支撑轴向纸堆附近移动，再看看能够把多少纸抬起来。将支撑轴远离纸堆，看看结果会怎样。鼓励游戏者改变支撑轴的位置，看看能够搬动多少纸，并做好记录。最后让游戏者讨论杠杆是以什么方式将工作变得更加容易的（杠杆越长越省力、越方便，相反就会越费力）。

游戏元素整合与谜题创编：

（1）将杠杆游戏中的所有道具放大（通过替换类似的物品，如将小木块替换成少儿体适能训练中的软箱，把冰棍棒换成长木板等），让游戏者在沙滩区域中将一个指定的物品取出，因为物品表面被涂抹了彩色颜料，所以不能用手直接触碰，要设法利用游戏区域中的道具帮助自己完成任务。另外，不要直接提示使用杠杆原理，看看游戏者能否想到这个原理，或者找到一些更好的问题处理方法。

（2）该游戏所需的道具可以分别放置在各游戏区域，有的需要经过障碍获得，而有的需要进行拆卸或者组装获得。例如，可以在游戏场地上摆放一个置物架，让游戏者寻找工具对其进行拆卸，从中获得充当杠杆的物品。可以引入搭建木质结构游戏，让游戏者将散落在房间的碎片拼接起来，制作一张木板。

（3）与投掷游戏融合。让游戏者寻找道具，首先搭建一个简易的跷跷板，然后用力下压跷跷板，把篮球、足球和排球等物品弹向高空，让身处其他区域的游戏者获取这些物品，用以完成投掷活动。

（4）制作简易的投石车。投石车是古代的攻城兵器，在此处指使用球体攻击游戏区域中特定位置的物品。通过这种方式触发相应的机关道具，或者将一定数量的球体（各种柔软的物体）通过弹射的方式输送到指定区域。当这个区域球体数量达到一定标准后，便可触发下一环节的游戏任务。

第三节　语言活动领域游戏创新素材

一、语言活动概述

听、说、读、写是学习任何一种语言时都会涉及的几个重要环节，也是语言智能领域的关键能力。然而，这些能力并不限于一些零散的技能，而是在不同场合中能够表达自我且与他人进行交流的能力。

本节所列举的语言活动旨在让游戏者通过真实而有意义的活动发展听、说、读、写的相关技能。例如，通过书写信件和日记的活动练习写作；模仿新闻采访进行说话练习；通过自编故事、写影视评论等活动把游戏者带入一些直接运用语言进行工作的职业领域中。这类语言活动可以帮助少年儿童了解校园课堂中的活动与真实生活之间的关系，也可以为在校教师在综合地考虑少年儿童的兴趣、爱好、品位的基础上设计课堂语言教学活动提供一些新的思路和方法。

本节把语言活动分为4类：采用有创意的方式讲述故事、叙述性的描述与报道、诗化语言、读与写。4类活动略有交叉，但各有侧重。自编和讲述故事的活动主要侧重语言表达和审美；报道类活动则强调用尽量简洁的语言描述和说明客观事实；诗歌类活动可以帮助游戏者理解语言的巧妙之处；读写类活动则突出对书面表达能力的培养。

语言活动可以让游戏者独立运用资料进行活动，也可以通过分组讨论的方式，先向他们介绍各种语言材料，再让他们对语言的运用方法进行分析，并讨论在不同情境下语言的使用方式与技巧。在游戏过程中，可以记录不同游戏者的各种奇思妙想，并对其想法和建议予以积极的反馈，让他们感到自己能够主动驾驭游戏，体验到成功的乐趣。

（一）采用有创意的方式讲述故事

（1）能够在讲述故事的时候发挥想象力和创造力（内容和讲述方式）。

（2）善于听故事和讲故事（语言的输入和输出能力）。

（3）在创编故事情节、刻画人物形象和人物心理、描述场景等方面表现出极高的兴趣及与此相关的语言能力。

（4）具有表演装扮的能力，包括能够扮演不同的角色，表演出不同的风格，富有很强的表现力，等等。

（二）叙述性的描述与报道

（1）能够准确、连贯地叙述故事、事件、情感和个人经历（如按照恰当的先后次序叙述，可以对细节进行适当的描述，能够将想象与事实区分开来）。

（2）能够准确地描述事物及其发生和发展等的过程，能对各种人和事物的特征、细节进行详细的刻画。

（3）能够围绕某个话题（社会热点、生活百态等），对其相关信息进行全面且详细的询问，并以此为基础进行合理的争论。

（三）诗化语言

（1）喜欢并善于运用双关、押韵和隐喻等语言表达方式。
（2）在学习新汉字、新词汇等方面表现出较高的兴趣。
（3）能够幽默地运用语言词汇来表达事物和情绪。

（四）读与写

（1）能够准确理解文本的意思，包括字面意思和深层意思。
（2）能够用清晰、准确、流畅的文字表达自己的想法和观点。

二、语言活动领域游戏的素材与创编

（一）采用有创意的方式讲述故事

1. 小组讲故事

目的： 用故事板和道具练习讲故事，应有想象、有创造、有主题、有情节、富有表现力。

游戏准备： 准备普通道具及立体形象，播放设备和录音设备。小组讲故事示意图如图4-38所示。

活动方法：

（1）播放一个简短的故事，其中需要包含讲述的几个关键要素（如描述、对话、富有表现力的声音等），然后先选出几个道具，确定故事中的一些形象，再让游戏者为故事搭配一些其他的人物或道具等。可以分阶段进行，每次为故事增加一个新的情节部分。

图 4-38　小组讲故事示意图

（2）以小组为单位进行准备，思考讲什么类型的故事，故事中会发生什么事情，应该准备什么样的背景，在故事板上的不同位置应该摆放哪些物品，等等。

（3）让其中一名游戏者先讲出故事的开头，依次轮流接着往下讲故事，保证每名游戏者都讲过一部分故事，并为他们提供接触材料的机会。最后，让一名游戏者给故事添加结尾，这样就可以形成一个完整的故事。

（4）让游戏者围绕讲完的故事进行分组讨论。例如，故事里面的角色都做了些什么？发生了哪些事？有没有结局？为什么会是这样的结局？你对结局满意吗？是否还可以有其他的故事情节主线？让游戏者在讲故事的时候充分发挥想象力、表现力，并采用对话和富有表情的语调来描述故事及其细节部分。

规则：游戏者在讲述故事的时候，其他人保持安静；故事要连贯，必须有头有尾。

常规建议：可以用掷骰子的方式确定游戏者讲故事的先后次序；为游戏者准备好他们讲故事所需要的道具；用录音设备把游戏者讲述的故事录下来，等到他们讲完后播放，并进行评价。

游戏元素整合与谜题创编：

（1）将一段故事分解成几个部分，然后把内容记录在不同的道具上面，如提示卡、书本、墙壁或拼图等。让游戏者在不同的区域里寻找这些记录故事情节的相关道具，然后将其汇总，并根据获得的故事信息，完善整个故事。最后，通过解读故事情节中的提示信息，找出游戏里隐藏的谜题。

（2）将游戏者分组，然后共同参与游戏设计，将自己的故事情节融入其中，选择适当的道具并加以改造，最后小组交换场地进行试玩。等游戏结束后，游戏者尝试把所有经历过的谜题重新汇集到一起,看看能否根据这些谜题反推出故事情节。通过其他小组对这个游戏主题情节的还原,判断这个主题在选择机关道具时对原本故事情节的还原程度。例如,在一个寻宝的故事里,其中一个片段是"月光能够为您指引方向,开启通往隧道的大门",让游戏者思考,怎样结合这个故事情节创编谜题,并搭配相关道具。参考做法是用隐形记号笔在特定的石板或者木块上涂抹密码标记,将一个射灯安装在能够照射到石板的位置上(选用发出蓝光的射灯代表月亮),然后对射灯的开关进行设计(在开关按钮上涂抹荧光粉),可以安置在一个比较隐蔽的位置。故事情节里提到"月光",意指时间为晚上,这里需要游戏者思考如何将整个游戏区域的光线变暗,如尝试关闭场地上的所有照明设备。当他们进行相关操作后,游戏区域会陷入一片黑暗,这个时候涂抹荧光粉的射灯开关上面会散发出淡淡的幽光。游戏者很容易在场地上发现这个位置,只要按下电源开关,象征"月亮"的射灯便会亮起,并照亮石板所在位置。随后,游戏者可以尝试用紫光灯探查这个区域,并发现隐形标记,从而获得通往隧道的密码信息。

2. 自编故事

目的:培养想象力、创造力、表演才能,练习设计、编制故事情节。

游戏准备:准备盒子、蜡笔(或记号笔)、黏土、各种道具和人物形象。自编故事示意图如图 4-39 所示。

图 4-39 自编故事示意图

活动方法：

（1）让游戏者先思考自己想编什么类型的故事，需要用到哪些材料（盒子、道具、人物玩具），可以列出一张清单帮助自己厘清思路。

（2）每名游戏者都准备好一盒他们想要的东西后，发给他们每人一些黏土、蜡笔（或记号笔）和其他一些绘画用品，让他们在自己的故事板上画出人物角色、背景和道具。强调在画道具、人物之前一定要考虑清楚自己想要讲述的故事类型。最后，让游戏者展示自己制作的故事板，并对着其他游戏者讲述故事。

规则： 小组成员之间的故事不可以出现雷同现象。

常规建议： 可以在时间方面进行控制，或者对故事的类型和涉及的内容与任务做一定的限制。

游戏元素整合与谜题创编：

（1）将破解游戏谜题的相关信息隐匿在故事情节中，让游戏者从中寻找线索，对有限的信息进行分析和推理。例如，与定向越野类游戏融合，让游戏者根据故事情节中的提示信息寻找正确的行进路线，并在特定地点完成隐藏的游戏任务。可以把传统定向越野中的地图打点改换成不同的谜题，让游戏者在到达每个点位后，根据现场的情况完成相应的游戏任务（各种体育运动项目、科学小实验、拼图类游戏、音乐类游戏等）。

（2）故事的类型非常丰富，可以与音乐智能、逻辑-数学智能、空间智能和身体运动智能等多种智能相联系，并将与它们相关的各种活动融入情节之中。例如，一个关于犯罪的故事情节，在这个背景下对游戏进行还原打造，就会涉及时间，以及作案现场的物品、财务报表、艺术作品等多种道具，极大地丰富了游戏内容和形式；探险类题材，会涉及各种自然的事物，如空气、水源、石头、动植物等。也可以与安全教育类游戏相融合，将各种与安全相关的事物还原到游戏场地上，如水、电、煤气、河流、坑道和交通场景等。例如，故事发生在一个生产车间里，其中放置了一些易燃易爆物品，而在它们不远处有点燃的蜡烛，这个时候需要游戏者根据安全常识对隐患进行排除。当游戏者主动吹灭蜡烛（电子蜡烛）的时候，将会触发相应的道具机关。通过这样一个不起眼的设定，可以潜移默化地影响游戏者，让他们在实践中多学多练，并对其安全意识进行强化。

（二）叙述性的描述与报道

1. 新闻报道

目的：了解新闻报道，学习运用描述性的语言准确、连贯地描述事件，解释事情的前因后果。

游戏准备：准备用纸盒制作的电视机、摄像机、大屏幕，以及玩具麦克风。新闻报道示意图如图 4-40 所示。

图 4-40　新闻报道示意图

活动方法：

（1）游戏开始后，先让游戏者集体讨论他们可以进行的电视报道话题有哪些，为什么选择这些类型的事件进行报道。可给游戏者提供一些提示，如他们在旅行途中遇到的事件、平时做的（看到的）有趣的事、发生在自己宠物身上的事情或体育比赛等。可以播放一些新闻报道，让游戏者有个大致的参考。

（2）演示如何使用电视机或者大屏幕等进行新闻报道：坐在大屏幕后面或者旁边，拿起玩具麦克风，讲一个平凡的家庭日常故事。例如："昨天，我们到山脚下的一个公园散步，有小朋友在广场上投喂鸽子，还有人在水边观看鲤鱼。"

（3）让游戏者想一想他们愿意分享的故事，然后让他们轮流进行新闻报道。如果在刚开始的时候游戏者不知道说些什么，则可以询问他们以下问题：你在家里养宠物吗？能不能告诉大家有关你的宠物的一些趣闻？它做过什么特别的事吗？等等。

规则：在规定的时间内完成任务，新闻报道要完整，文字要简洁。

常规建议：事先在纸条上写下各种类型的新闻（运动新闻、娱乐新闻、民生新闻、经济新闻、本地新闻、广告、天气预报），放在一个盒子里，然后让游戏者从中抽取一个，给予他们一定的时间进行报道前的准备。

游戏元素整合与谜题创编：

（1）将游戏者分组置于不同区域，让其中一个区域的游戏者观看视频，并通过新闻报道的形式对视频中播放的情景进行描述。游戏者可以借助录像设备把自制的报道录制下来，设法将其传递给其他区域的游戏者，让他们根据这些信息进行推理和判断。这里可以限制报道的时间（如20秒），游戏者需要考虑如何精简报道中的字数才能在规定的时间内完成报道的编写。传递的内容可以是与密码相关的信息，也可以是行动指南和游戏规则等。这可以考验游戏者的文字处理能力和口语表达能力。此外，游戏者要对视频中播放的各种事情的主要内容和中心思想有着较为精准的把握，他们的理解和归纳总结能力可以由此得到一定程度的训练。

（2）给游戏者提供一些文字材料，如叙事文章、日记和评论等，让他们在规定的时间内，将文字材料中的信息以口语的方式表达出来。可以把游戏者的语言录制下来，并将其存储在U盘中，然后设法将U盘传递给他人；也可以让游戏者面对面进行交流，但是对他们见面的时间进行严格限制（如15秒），必须在规定的时间内完成信息传递。例如，在游戏区域中安装一个移动墙壁，让它在某个时间自动开启，然后很快关闭，游戏者必须把握好这个短暂的时间段，尽快完成相互之间的信息交流。

2. 影视评论

目的：通过评论电影，发展报道事件的能力；能够运用描述性的语言按照时间顺序对事件进行连贯描述；会选择报道细节，掌握批评的技巧和观影的方法。

游戏准备：准备电影、电影票。影视评论示意图如图4-41所示。

图 4-41　影视评论示意图

活动方法：

（1）用玩具电视机当售票处，请一名游戏者做售票员售票，其他游戏者买票进场，模拟电影院的场景。看完影片后，让游戏者对所看的电影发表评论：是否喜欢这部电影？为什么？你觉得这部电影想表达什么？电影中的事情真的会在现实生活中发生吗？为什么会发生？为什么不会发生？说出自己的观点。

（2）分组讨论，让游戏者围绕电影的叙述顺序、情节、主题、角色等进行讨论。同时提出问题：电影一开始的时候发生了哪些事情？接下来又发生了什么？还会发生什么吗？你认为其中最重要的事情是什么？

规则： 在观影过程中保持安静，对内容进行评论的时候要注意叙述的次序和逻辑。

常规建议： 选一些游戏者平时并不熟悉的影视片段，时长为 10～15 分钟，影片选段要有清晰的事情发生、发展顺序。可以让游戏者定期进行这项活动，练习观看电视节目，回忆其中的情节、主题和角色等细节。此外，建议游戏者观看央视频道或者优秀的网络媒体频道中的评论节目，因为里面有对各社会热点事件的评述。

游戏元素整合与谜题创编：

（1）根据电影片段或者自制故事情节创编主题游戏，尽可能将故事情节与体验式综合能力拓展游戏中的谜题相结合。游戏开始后，首先让游戏者进行观影，让他们对游戏相关故事情节有个较为全面的了解，然后对故事或者影片中情节的发展脉络、人物关系、角色细节等方面的内容进行梳理，最后以评论的形式记录下来。在一组游戏者进行游戏的时候，可以让另外一组游戏者进行旁观，并将小组参与游戏的全过程以问答的形式记录下来。例如，在一个探险类游戏主题中，有多少人参与？他们经历了哪些困境？破解了什么谜题？游戏期间找到了多少道具？如何利用工具解决问题？怎样合作完成某些任务？大家进行了怎样的分工？在什么地方被困时间较长？等等。

（2）把需要评论的影视作品分割成几个片段，将电子文件分别存储在不同的地方，如 U 盘、移动硬盘、笔记本计算机、pad、手机等，游戏者只有先设法完成其他任务才能获取这些存储设备。在游戏设定中，可以先将存储设备的零部件分散到各处，让游戏者将所有的物品及其相关信息收集齐全（如笔记本计算机、手机、pad 等设备，除了物品本身，还需要寻找它们的开机密码）。当所有相关物品和道具收集完毕后，游戏者还要对这些影视片段的播放顺序进行梳理，然后观看影片，并对其内容进行评论。

（三）诗化语言

诗歌表演

目的： 为诗歌、故事和音乐添加动作，能将文字音韵与身体动作相关联，训练表现力。

游戏准备： 准备诗、服装道具（用于角色表演）、音乐播放器。诗歌表演示意图如图 4-42 所示。

图 4-42　诗歌表演示意图

活动方法：

（1）读一段诗歌或者播放一段诗歌，以便游戏者能够对其中的文字有所了解。在读诗歌的时候要注重节奏，并鼓励游戏者背诵诗歌。在这个活动中，应选择一些内容通俗易懂、语句简单明了的诗词。

（2）选一首（个）游戏者喜欢的诗歌、故事和音乐，让游戏者为其配上各种动作。可以先播放一首诗歌，直到游戏者熟悉后，再集体讨论怎样搭配相关动作。可尝试各种方法，看哪些最合适（在游戏提示卡的后面附上一些诗歌和故事，并配有动作，为游戏者提供参考）。鼓励游戏者扮演不同的角色，以个人、双人、多人小组为单位进行均可。在游戏者选定了某个部分及相应的表演动作后，让他们反复练习，可以将过程录制下来，便于之后的小组讨论。

规则： 在限定的时间内完成游戏任务，不能添加任何语言或者声音来辅助。

常规建议： 游戏者可以像艺术节、文化节那样制作相应的道具和服装，并让他们写下自己能够表演的故事和其中的角色。

游戏元素整合与谜题创编：

（1）通过播放与诗歌、故事和音乐相关的视频，让游戏者猜出这些文学和艺术作品的名称、内容、创作者姓名、年代等，然后根据诗歌、故事和音乐推理其中蕴含的信息。例如，提供唐诗"飞流直下三千尺，疑是银河落九天"，诗词中出现的数字可能暗示解锁密码。也可以将诗词按照某种顺序排列，如字数、年代、作者姓名相关信息等。

（2）把游戏者分隔在不同区域里，让他们在规定的时间内为诗歌、故事和音乐搭配相应的身体动作，通过肢体语言将相关信息传递给其他游戏区域的游戏者。例如，可以让游戏者用身体动作表示四大名著中《西游记》的师徒四人及其经历的某一段故事；也可以让游戏者结合故事情节、人物关系，在场地上寻找与故事人物角色相关的服装和道具。

（3）可以与剪影游戏搭配。一个区域的游戏者通过各种方式将信息传递给其他区域的游戏者后，这个区域的游戏者需要根据信息提示，寻找相关物品来完善自己的动作表演。例如，要求游戏者模仿济公的形象，游戏者除了要模仿他的行为举止，还要找到扇子和酒葫芦等物品，只有这样才能帮助游戏者在墙壁上投射出符合目标人物角色的影像。

（四）读与写

1. 信箱

目的： 发展与人交流的技巧，写出具有想象力和创造性的内容，学习运用双关语或诗歌。

游戏准备： 准备信箱、写作材料（纸、记号笔、彩笔）、装饰物（邮票、标签）、剪刀、胶棒。信箱示意图如图 4-43 所示。

图 4-43　信箱示意图

活动方法：

（1）让游戏者首先制作一个信箱，用来相互通信，然后通过掷骰子的方式选出负责写信件的游戏者，让他们给对方写信。告诉游戏者信件可以通过图画、文字、贴纸等形式制作而成。

（2）选一个邮递员，帮助游戏者发送信件（模拟物流、快递）。

规则： 信件应格式完整、语句通顺，可以对信件进行各种形式的修饰。

常规建议： 可以让游戏者集体写下信件，然后寄给其他游戏者；可以选择各类通知、生日祝愿、节日问候（包含不同民族的节日）等主题；当游戏者熟悉这个过程后，鼓励他们写下关于自己生活方面的信件。

游戏元素整合与谜题创编：

（1）在角色扮演类游戏中，游戏者通过写信和发邮件的方式进行信息传递。可以把写信用的纸和笔隐藏起来，让游戏者在活动区域里寻找可以传递信息的物品，如报纸、杂志、图片等。游戏者可以通过裁剪报纸和杂志上的文字，将其拼接成一段信息；也可以搜集一些能够表达信息的图画，将其按照顺序排列后粘贴在信件上，最后将信件传递给其他游戏者。

（2）可以融入思政教育元素。例如，模拟抗战时期地下情报人员发送电报的情景，让游戏者把信息改编成密码，以电报的方式进行信息传输。游戏者可以尝试创编藏头诗，或者利用双关语等对信息进行隐藏。

（3）根据游戏者的年龄和知识储备，适当融入一些外语的翻译游戏。例如，使用英语传递与游戏相关的情报信息。可以进行对抗模式的游戏，让其中一方扮演情报传递人员，另一方设法拦截和破译情报。

（4）可以选择一些语言类 AI 软件来辅助游戏，如 Call Annie 人工智能视频机器人，让游戏者通过与 AI 对话的方式，获取一些游戏所需的信息，并将这些信息完整地记录下来。在游戏过程中，游戏者可以询问 AI 各种问题，如让 AI 对日常问题发表一些观点或者让它对社会热点给出评论等。然后将 AI 表达的观点记录下来，并与自己的观点进行对比。这样的游戏谜题设计，不仅可以激发少年儿童参与游戏的兴趣，还能提高他们对外语学习的积极性。

2. 日记

目的：以日记的形式将日常生活、思想观念和感悟等用文字表达出来，写出具有想象力和创造力的内容，表达准确，连贯地描述、说明事物，巧妙地运用押韵和比喻。

游戏准备：准备日记本、用于写或画的工具、各种装饰品。日记示意图如图 4-44 所示。

图 4-44　日记示意图

活动方法：

（1）发给游戏者每人一个日记本，他们可以在上面写出或者画出自己的各种想法。让游戏者回忆生活中的点点滴滴，并在日记本上写出或者画出生活中有意思的经历和见闻。也可以用日记本记录自己的各种想法，如听到的或者自编的故事、诗歌、印象深刻的经历（开心的、生气的、郁闷的）等。游戏者可以在日记本上面画图，或者一边绘画一边为其搭配故事。

（2）鼓励游戏者用图画或图案装饰自己的日记，使自己的日记与众不同，具备很高的辨识度。

规则： 日记应内容层次清晰、语句通顺完整，可以对日记进行各种形式的修饰。

常规建议： 鼓励游戏者平时多观察生活（人、事物、环境等），并在日记本上记录自己的思想（表达自己的感情），写下一些不想让别人听到的想法，记下那些难以忘怀的经历。

游戏元素整合与谜题创编：

（1）让游戏者把自己在各种游戏主题中的经历以日记的形式记录下来，然后与小组内成员交流，对比大家关于不同游戏活动的理解和感受。

（2）在有故事情节的游戏主题中，日记本经常作为传递谜题信息的载体出现在游戏区域里。游戏者可以根据日记本中记录的具体信息推理和判断问题。例如，日记本里记录了一个人的外出行程，游戏者可以通过他的移动轨迹，在地图上找到某些线索（如由轨迹构成的数字）。

（3）可以将日记本的纸张和书写日记用的记录工具隐藏在游戏区域内，让游戏者根据提示信息寻找和判断哪些物品能用来记录信息，哪些物品可以直接用来进行书写，哪些物品不能用来进行书写，等等。例如，将一些塑料板当作日记纸，要在塑料板上书写文字，需要选择合适的工具，因为不是所有的笔都可以在塑料板上留下痕迹（只有使用油性记号笔之类的工具才能更好地进行书写）。可以给游戏者提供一些日常生活中使用的面巾纸，看看他们能不能找到适合的书写工具。还可以让游戏者将写好的日记传递给其他区域的队友，但是分隔他们所在区域的可能是一个水池,游戏者需要考虑自己用来书写字迹的颜料是否可以与水接触（水溶性的颜料遇水即散）、纸张的材质能否浸泡在水里等问题。因为游戏者在传递日记本的时候，会将其浸入水中，如果文字被水冲刷掉或者纸张在水中溶解，任务就会失败。

第四节　逻辑-数学活动领域游戏创新素材

一、逻辑-数学活动概述

本节的游戏活动旨在帮助人们发展逻辑-数学智能，通过动手、动脑的活动方式进行思考。本节设计的游戏活动将抽象概念与实际物体及生活中的各种情景相联系，帮助游戏者拓展数学、物理、化学等相关学科的基础知识，进而提高人们的数学技能。通过合作游戏和个人竞赛等游戏活动，游戏者能够认识到数学既实用又有趣，是解答诸多现实问题的有效方法之一。

逻辑-数学相关游戏是用来评估和促进特定的数学技能的活动。这部分游戏主要通过鼓励游戏者积极思考物体的"数"和"量"，并进行比较，然后形成解决问题、与他人协作及交换思想的策略。进行这类游戏活动时要遵循以下3个原则：①帮助游戏者探讨数字的各个方面及数字之间的各种关系；②让游戏者进行实践操作，并对各种操作做出反应，从而发展理解力；③鼓励游戏者在复杂多变的情景中主动思考，并自主开展与数字相关的游戏活动。

本节将逻辑-数学智能的关键能力分成3个部分，分别是数字推理、空间推理和解决逻辑问题。每个部分都有比较简单的典型数学经验，也会涉及相对复杂的数学逻辑关系。

在引入与数学相关的游戏活动时，可以先通过各种方式对游戏者生活中会接触到的一些材料进行描述，如拼图、木块、测量仪器、生活用品、体育运动相关器具等；也可以让游戏者谈论他们喜欢的活动，如做饭、购物、在运动场记分等与数字有关的活动。鼓励游戏者提出平时自己思考的一些数学问题，如数学对我们有什么意义？它是如何影响和改变我们的生活的？在家里、户外、商场、学校等场景中怎样运用数学知识？人们一般在什么时候需要使用数学来处理问题？数学的解决问题方式与其他方式有何不同？对这些问题的思考可以帮助游戏者开阔思路、活跃思维。

在生活中，可以让少年儿童多接触一些有关数字、形状、大小、轻重、高矮、胖瘦、快慢、时间及钱币等的事物和概念。也可以引导少年儿童多参与益智类拓展游戏，让他们学会使用数学常用工具，如天平、时钟和各种类型的尺子（卷尺、三角尺），并尝试解决问题。另外，可以给少年儿童多展示一些生活中与数学相关的工具（如激光测距仪），并告诉他们不同人群使用这些工具的方法与使用场景。

（一）数字推理

（1）能够熟练地计算。
（2）能够对各种物品的重量、体积和尺寸进行估算。
（3）能够熟练地运用数字表示各种物体及其相关信息（可以采用记录、创造符号、制作图表等方式）。
（4）能明确不同数字之间的关系。

（二）空间推理

（1）能够发现空间模式。
（2）能够熟练地进行拼图和搭建物体。
（3）能够发挥想象力，将问题具体化、概念化。

（三）解决逻辑问题

（1）在思考问题的时候，不局限于单个的事实，而是能关注到事实之间的各种关系。
（2）能够总结规律，进行逻辑推理。
（3）能够产生新的策略，并运用策略处理问题。

二、逻辑-数学活动领域游戏的素材与创编

（一）数字推理

1. 估算

目的：掌握数数和估算的方法，能够预测并检验预测，进行空间推理。
游戏准备：准备量杯、碗或罐头瓶子、纸杯或小盒子，以及坚果、杂粮、大米、水、沙子、小石子等。估算示意图如图 4-45 所示。

图 4-45 估算示意图

活动方法：

（1）首先，让游戏者对一个碗（罐头瓶子、杯子）能够装多少水进行估算，并将自己的估算结果记录下来；然后，用量杯舀水，把碗装满，同时记录自己所舀水的杯数；最后，对比之前的估算结果和实际装水量相差多少。

（2）给游戏者各种容器和填充物（坚果、杂粮、大米、沙子等），让他们自己设计实验，对自己的估算进行检测。游戏者需要先估算一个容器大概能装某种物品的杯数，然后用量杯倒入这种物品进行检验。

规则： 仔细记录数据，实际的数据与估算的数据之间差距小的团队获胜。

常规建议： 给游戏者一些坚果和3~4个大小不同的杯子（碗），让游戏者回答以下问题：小号杯子（碗）可以装多少坚果？中号杯子（碗）可以装多少坚果？大号杯子（碗）可以装多少坚果？其中有没有正好能装10个、20个或者30个坚果的杯子（碗）？

游戏元素整合与谜题创编：

（1）可以与障碍类游戏融合，对需要运输的物品进行重量和体积等方面的限制，让游戏者在搬运物品前根据其质量、密度等信息做出判断，明确哪些物品符合要求，如何搬运能够节省体力。例如，要求游戏者将一些豆子、石子、沙子等物品运输到指定区域，然后通过物品的重量触发机关道具；或者在限定的时间内，让游戏者搬运特定数量的物品；等等。游戏者运输物品的时候，需要根据场地中的各种地形和障碍物，思考哪些物品方便携带、用什么容器携带、需要搬运多少物品等多方面的问题。在做这些工作之前，游戏者要根据各种物品的特点，对其重量进行估算，然后选择适当的工具和容器进行运输。设计人员在设计游戏谜题的时候一定要注意，不是为了搬运而搬运，而是让游戏者感觉自身所做的一切都是为了解决问题。

（2）把能够用来称重、测量体积的道具隐藏在游戏区域的不同地方，或者只提供一些道具的零部件，让游戏者收集后自行制作测量工具。例如，把电子秤的电池隐藏起来，或者将天平秤的砝码分散到场地各处，需要游戏者自主搜寻。

（3）搭配角色扮演类游戏。让游戏者模拟购物的场景（超市、菜市场等），给予扮演商贩的游戏者一些有问题的称重工具，通过这些工具测量物品会出现缺斤短两的情况。让扮演消费者的游戏者寻找正规的测量工具，然后对所购商品进行检验，看看谁买到的物品更符合要求。

2. 称重与测量

目的： 通过各种动手操作的活动，了解标准和非标准测量工具；在实践活动中通过试错的方式进行学习，训练逻辑推理能力。

游戏准备： 准备尺子、牙签、剪刀、铅笔、彩色纸、面团、木块、大的混合杯、小口袋、木碗、小的纸杯、线、金属挂钩、瓶子。称重与测量示意图如图4-46所示。

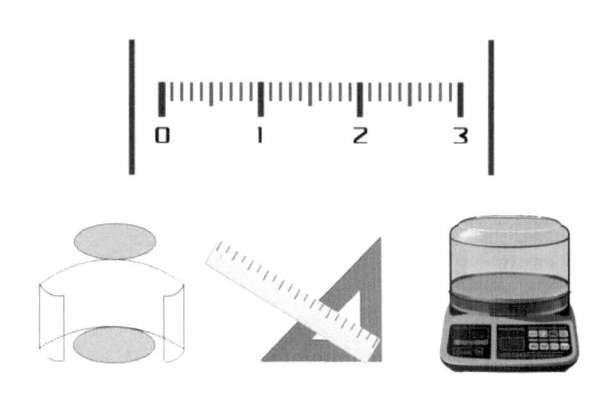

图 4-46　称重与测量示意图

活动方法：

（1）测量长度。给游戏者一把尺子、牙签、一串回形针及铅笔做工具，让他们测量手机、书、桌椅板凳、门和墙壁的长短等。鼓励游戏者使用不同的工具测量，如尝试用自己的手、脚、胳膊等进行测量。让游戏者把测得的数据记录在纸上，然后互相对比。让游戏者们讨论标准测量工具和非标准测量工具的特点。例如，探讨非标准测量工具（如人的手指和脚）在应急的时候是不是比较方便快捷，但不太准确？如果用它们来测量，那么不同的游戏者测量出的结果会不会存在很大差异？

（2）测量面积。给游戏者分发一些从彩色纸张上剪下来的各种形状，让他们通过目测将这些形状按面积由小到大的顺序进行排序，然后用一种方法测量出每个形状的面积。在此之后，让游戏者对这些形状进行裁剪或拼接，把这些形状改变成容易进行测量和比较的新形状。例如，先把一个三角形改变成长方形，再把最小的长方形放进去，看看要放多少个。让他们将这些形状重新按面积由小到大的顺序进行排序，并把这次的结果和先前的估算数据做对比。

（3）称重。给游戏者3~4块面团，让他们判断哪一块最重，哪一块最轻；或者给他们一块木块、一个小口袋和一些塑料泡沫，让他们用塑料泡沫装满小口袋，直到与木块等重。鼓励游戏者尝试使用各种方法测物体的重量，如用手掂量、用秤称重等。可以把纸杯改造成秤盘，用挂钩或木钉把这个纸秤盘悬挂起来（为使纸杯保持平衡，用绳子在每个杯子上系3~5处）。还可以用铅笔杆支起一根尺子做一个像跷跷板的秤。

（4）测量容积。给游戏者3~4个不同形状和大小的瓶子，将其装满水，让游戏者判断哪个容器里的水最多。鼓励他们思考重量和容积之间的差异（如果将一个瓶子中的水换成大米，则瓶子的容积是否变化？重量是否变化？），为什么大的碗或瓶子比秤和尺子更适合用于测量体积？

规则：在限定的时间内进行称重与测量，要注意数据的准确性。

常规建议：通过各种方法称重与测量生活中的各种物品，看看测量的结果与自己的估计数据相差多少。

游戏元素整合与谜题创编：

（1）与搬运类游戏和障碍类游戏搭配。让游戏者首先估算容器（瓶子、杯子、盒子等）的大小，然后思考搜寻什么物品对容器进行填充。例如，在游戏场地的某个位置放一个5升的塑料桶，下方安置一个重力感应设备，游戏者只有向塑料桶里面填充一定数量的物品才能触发机关道具。游戏开始后，根据游戏相关提示获取所需物品重量的信息（根据信息进行计算），然后搜寻这些物品（如五谷杂粮、水、积木、皮球等）。可以给游戏者提供不同类型的物品，要求他们在对容器体积估算的基础上，仔细考虑什么样的物品更适合作为填充物，或者物品是否方便运输。另外，不同物品被放置在了场地的不同位置，游戏者要到达这些特定区域，可能会面对不同的障碍，这需要他们思考运输物品的方式方法，因为有些物品搬运起来较为困难，如水、沙子等。游戏者在场地上也许只能找到一些简易的容器，在运送水的过程中可能会不小心打翻容器（没有盖的瓶子）。对这类游戏素材进行整合，可以将数学相关的知识融入其中，如数量、体积、重量和时间等，可以锻炼人的逻辑-数学智能。此外，在运输所需物品的时候，游戏者还要考虑自身的体能、队友的身体素质等因素。

（2）可以将数理知识融入情景类游戏。例如，让游戏者扮演商贩，需要在游戏过程中计算商品的成本；或者模拟生活中的各种境遇，让游戏者在不同的经济周期下进行投资，通过分析各种理财方法的利益得失，进行模拟投资创业等。

（3）与机械类游戏搭配。可以让游戏者对各种零部件的数量、体积和重量进行计算，帮助自己挑选合适的材料组建道具。也可以按照游戏中的故事情节，要求游戏者将特定的物品放置到指定区域，这需要在行动前进行精准计算。例如，将各种家具摆放在某一区域，让它们刚好填满这个区域。游戏者在选择摆件之前，需要对其体积大小有较为全面的了解。

3. 纸牌游戏

目的：识别数字、比较数字、练习加减法。
游戏准备：准备一副纸牌。纸牌游戏示意图如图 4-47 所示。

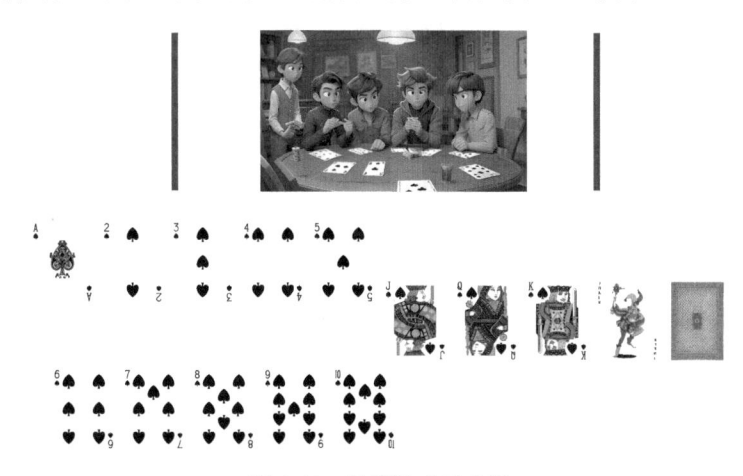

图 4-47 纸牌游戏示意图

活动方法：

（1）把纸牌分为数量相等的几份，牌面朝下，每人发一份。游戏者轮流把手里的纸牌按照从上到下的顺序依次翻出，进行比较，数字大的赢取对方的纸牌，把赢来的纸牌放在自己的纸牌的最下面。如果翻出的纸牌的数字是等大的，就再各出一张，后张纸牌上数值大的一方为胜者，可以赢取这一轮出现的所有纸牌。这个游戏进行到其中一名游戏者手里所有的纸牌都输掉为止。

（2）尝试翻出两张纸牌（比较两个数字之和的大小）。与单张纸牌对抗相似，游戏者一轮要翻出两张纸牌，比较两张纸牌的数字之和，手里两张纸牌之和大的获胜。当游戏者翻出的纸牌相加的数值相等时，再各翻出第三张纸牌，数字大的赢得所有纸牌。

规则： 不能偷看纸牌，不可以中途切换纸牌。

常规建议： 游戏者组队一起玩对抗游戏，这样他们可以比较纸牌上更多的点数；可以修改规则，如增加运算方法（乘法和除法）；鼓励游戏者参与其他类似的数字对抗游戏，以促进少年儿童对数字的辨认，认识数字的规律，掌握运算方法及其他数学技巧。

游戏元素整合与谜题创编：

（1）让游戏者在场地内收集纸牌，然后根据要求对收集到的纸牌进行排序，看看谁的纸牌在经过加、减、乘、除等基本的数学运算后，能够得到较大的数字（或者较小的数字）。也可以先设定一个数字，让游戏者设法用尽可能少的纸牌，计算得出该数字。例如，游戏设定数字为28，规定可以使用纸牌的数量不超过3张，游戏者需要通过加、减、乘、除计算得出28。游戏者需要在规定的时间内在游戏区域里寻找纸牌，纸牌可以被隐藏在密码箱中、高墙上、书籍里等。还可以让游戏者分头寻找和计算不同的数字，或者将他们分隔在不同的游戏区域，他们需要交换手中的纸牌，最终获取想要的数字。

（2）对游戏者进行分组，可以是两组，也可以是多组。让游戏者在规定的时间内，从场地中寻找尽可能多的纸牌，然后进行加、减、乘、除的纸牌游戏。要求游戏者按照顺序出牌，每次打出的纸牌数量不可以超过两张。第一组出牌后，第二组要用手中的纸牌计算出前一组留下的数字，以此类推，计算成功的次数最多的小组获胜。可以在这个环节之后继续增加游戏谜题，按照小组计算的结果，获胜小组可以获得优先选择权，对各种物品和工具进行挑选。接下来的活动是一些闯关游戏（障碍类游戏等），在有些关卡需要木棍、绳索或者测量工具等。游戏开始前，游戏者需要从远处对游戏区域进行仔细观察，并根据场地的具体情况做出判断，挑选适合这个游戏环节的辅助道具。

（二）空间推理

1. 面积和体积

目的：进行比较、对照，得出结论，提升解决问题的能力。

游戏准备：准备黑板（图表纸）、粉笔（记号笔）、硬的构图纸、剪刀、胶带、大米、大豆。面积和体积示意图如图4-48所示。

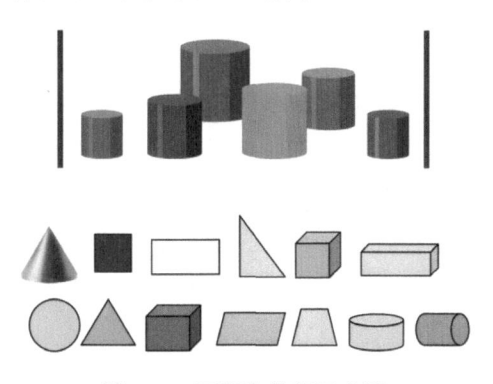

图4-48 面积和体积示意图

活动方法：

（1）通过提问开启游戏，如什么是面积（二维的测量值，即几根线间的面的大小）？什么是体积（三维的测量值，即某个物体占据空间的多少）？在黑板（图表纸）上记录游戏者的回答。

（2）让游戏者进行以下实验：将一张纸（A4）对折后，剪为两张（让游戏者知道两张纸的大小是相同的）。把两张剪下的纸卷成圆筒，一张通过长边卷成长筒状，底边形成一个较小的圆形，另一张通过短边卷成短筒状，底边形成一个较大的圆形，然后在接头处粘牢，两个圆柱体就做好了。

（3）提问游戏者：这两个圆柱体是否可以装相同数量的米（大豆或者爆米花）？如果所装的物品数量不相等，那么哪一个装得多些（哪一个体积大）？让他们装完后将答案记录下来，并进行小组讨论。

规则：卷圆柱体的时候注意不要将边缘卷入太多，以免造成较大的误差，在规定的时间内，看看谁能最快给出正确答案。

常规建议：让游戏者估算一张地毯的长度、宽度及其面积，并记录测量数据，然后寻找其他能放得下这块地毯的地方，通过测量证实自己的看法是否正确；让游戏者在一个房间里查看，寻找适合放置大件家具（桌子、床、书柜）的地方；让游戏者尝试做更多与体积有关的活动，收集不同尺寸的盒子，然后看哪个盒子装下的书最多或哪个盒子装下的铅笔最多。

游戏元素整合与谜题创编：

（1）给游戏者提供制作各种容器的物品，如盒子、地毯、木板和工具等。游戏者在场地中搜选用来制作各种容器的材料，然后判断哪一种容器的容量更大，根据游戏任务的需要，将不同物品装进自制的容器中。也可以让游戏者借助这些自制的容器，搬运特定的物品至一些游戏区域，用以辅助行动和破解其他谜题。

（2）把一个房间或者一个游戏区域作为容器，让游戏者利用各种道具将这个区域塞满东西。例如，游戏者需要在规定时间内，把一些较重的物品（粮食、木块、石子等）运送到一个指定区域。期间会遇到坑道、河流、断桥等障碍区域，游戏者不仅要考虑容器的体积，还要考虑自己手中容器的形状是否便于携带。虽然有些容器能够装下很多东西，但是不利于搬运，这时就需要选择更加适合的容器。

（3）让游戏者用各种材质的物品填充墙壁。在游戏区域里放置很多物品，可以提前将这些物品在地面上摆放成一个长方形，然后让游戏者把所有物品用来遮挡同等面积的墙壁；也可以让游戏者根据现有物品，计算其体积和整体拼接后的面积，然后把它们放入一个房间或者填充一个墙面（墙面的形状与物品最初摆放时形成的某个图形的面积不一样）；还可以给予游戏者一些信息提示，然后让他们从游戏区域内寻找体积和面积大小合适的物品，最后将它们汇集到一处进行合理的拼接和摆放。谜题设计应根据游戏者的年龄和身体状况，选择适当材质的物品。例如，给低龄儿童提供一些质量较轻、材质较软的物品；对于中学生而言，他们已经具备较强的体能，可以选择木质家具等一些较重的物品。

2. 仿搭积木

目的：进行空间推理，解决问题，运用视觉想象。

游戏准备：准备木块（两种颜色，大小不一）、分隔板。仿搭积木示意图如图 4-49 所示。

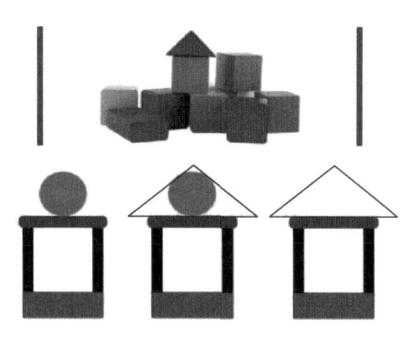

图 4-49　仿搭积木示意图

活动方法：

（1）给两名游戏者分配相同数量和类型的木块，保证两堆木块相同。放一个分隔屏，使他们互相看不见对方的木块。

（2）其中一名游戏者用自己的木块搭建建筑物，然后将搭成的形状告诉同伴，让同伴根据听到的口头说明尝试搭建一个形状相同的建筑物（如把小的红色木块放在大的蓝色木块上面，然后把一个三角形的黄色木块放在它们的最上方），搭建过程中不能偷看。

规则： 第一名搭建建筑物的游戏者不可以在一边进行具体细节的指导，仿制出的建筑物结构最接近原本建筑物结构的获胜。

常规建议： 可以让 3 名游戏者玩这款游戏，第一名游戏者负责搭建原型结构，第二名游戏者加以说明，第三名游戏者根据第二名游戏者的说明来仿制；用两块有相同格子的游戏板进行图表记录，一名游戏者把木块堆放在格子上，并用坐标的方式告诉同伴自己所放置的位置。例如，红色木块放在 A1 格子中，绿色木块放在 C4 格子中，让同伴能根据说明对木块做出相同的摆放。

游戏元素整合与谜题创编：

（1）可以将游戏者分隔在不同的游戏区域，让其中一组游戏者将搭建积木和木结构物品的方法及其具体说明传递给其他成员，可以通过语言描述、文字书写、绘制图片等方式。也可以在两个分离的游戏区域中间摆放一面镜子，让其中一个游戏区域里的游戏者先行搭建积木，并将其摆放在适当的位置，通过镜面反射把画面传递给另外一个游戏区域里的游戏者。这里要注意镜像是相反的画面。

（2）在一个游戏区域的墙面上投射需要搭建积木的形状，然后让游戏者从游戏区域里寻找足够数量的积木，或者寻找形状相似的其他物品。最后，游戏者需要按照记忆中的画面，使用各种物品将指定的形状搭建起来。

（3）在游戏者根据提示信息搭建物体之前，需要先通过各种工具完成某些部件的收集和组装（也可以拆解一些物品，从中获取部分材料）。例如，需要长方形的木块，但是游戏区域里只有木板。游戏者可以寻找胶带、钉子和锤子之类的工具，把几张木板固定在一起；也可以将两个三角形的木块结合，形成一个长方形的木块。为了克服困难，游戏者尝试利用有限物品制作出更多新的道具，这不仅激发了他们的想象力，还培养了他们的探索精神。

（三）解决逻辑问题

1. 分类和计数

目的：练习计数的技巧，记录并发明记录方法，掌握运用加减法处理两个、多个变量的能力。

游戏准备：准备汽车游戏板、两个骰子（一个骰子写有点数或数字；另一个骰子的 3 个面为"+"，另外 3 个面为"-"）、纸和笔、筹码。分类和计数示意图如图 4-50 所示。

图 4-50　分类和计数示意图

活动方法：

（1）让游戏者制作游戏板和游戏相关材料，然后向他们说明规则。在这个游戏中，游戏者轮流做售票员和司机。司机把车从游戏板上的一个站点移动至另一个站点。在前两个站点，司机通过掷骰子的方法确定上车乘客的数量。在第 3 个和第 4 个站点，司机用"+""-"骰子来决定乘客的上车或下车。旅行结束后，扮演售票员角色的游戏者要准确地说出车上的乘客数。为了方便记忆，售票员可以用纸和笔进行记录。

（2）游戏开始的时候，每次只上1~2个乘客，让游戏者跟踪记录每个站点上下的乘客数量，鼓励他们用笔和纸记录乘客的数量。可以用木棒或其他可操纵的物件来表示乘客。让游戏者对用来记录上下车人数的方法进行比较，并谈谈自己的看法。

规则：要求准确记录上下车人数，不能相互传达信息。

常规建议：为了让游戏更复杂，可以把乘客设计为成人和儿童两类，让游戏者分别记录两类乘客；也可以按其他类型进行记录，如男女老少、高矮胖瘦等；另外，向游戏者介绍各种钱币，每个乘客上车后要自主支付车费，让售票员计算收到了多少钱。

游戏元素整合与谜题创编：

（1）与劳动教育相结合，让游戏者参与一些生活劳动类的主题游戏。可以将公交车乘客上下车的游戏改换为仓库或者商超进出货物的游戏，让游戏者区分各种事物，并将其按照一定的标准进行分类处理。在上下车的游戏中，游戏者要按照乘客的年龄和性别进行分类，然后统计各站点上下车人数。在仓库进出货物的游戏中，游戏者要学习如何对不同类型的产品进行分类，并将其摆放或储藏至合适位置；还要根据仓库的大小和房屋结构，或者不同区域，如恒温区、冷藏区和常温区等，对不同物品的仓储进行合理规划。让游戏者发挥想象力或凭借经验对产品进行分类处理，统计物品的数量，做好各类货物进出仓库的记录。该类型谜题不仅可以考查游戏者对数字的处理能力，还可以促进力量和耐力等身体运动智能的发展。此外，该类型游戏还涉及空间智能和逻辑-数学智能。

（2）可以根据生活场景，对游戏道具和场地进行布局，设置卧室、厨房、餐厅、卫生间、地下室、仓库和超市等。可以与家庭劳动教育相结合设计谜题，通过让少年儿童对各种物品进行分门别类，训练他们的动手能力，并借此机会教给他们处理家务的相关知识和方法。少年儿童在体验式综合能力拓展游戏中可以学到很多生活知识，同时这种游戏能够锻炼他们的实践动手能力。这种模拟生活场景的游戏谜题，可以让少年儿童对如何管理日常事务有一定程度的了解。

2. 牙签游戏

目的：学习数字关系，运用策略解决问题。

游戏准备：准备一盒牙签。牙签游戏示意图如图4-51所示。

体验式综合能力拓展游戏

图 4-51　牙签游戏示意图

活动方法：

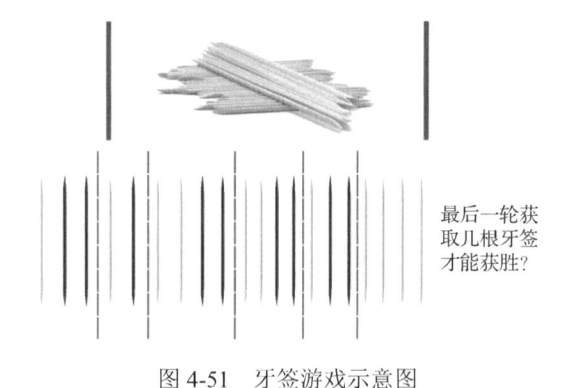

（1）分发给每名游戏者 16 根牙签，看他们可以用多少种方法将牙签排成 5 排，让游戏者记下不同的排列方法。

（2）两名游戏者对面而坐，中间放 16 根牙签，排成 5 排。游戏者轮流取走自己所需要数量的牙签，但每次只能从一排中抽取。轮到自己取牙签时，要考虑怎样迫使对方取走最后一根牙签。

（3）提问游戏者一些问题，看他们运用了哪些策略。例如，有没有简单明确的办法避免拿最后一根牙签？这与你在一排中留下的牙签数有没有关系？与先抽取和后抽取有没有关系？

规则： 谁获取最后一根牙签，谁就被判定为失败；在游戏过程中不能反悔。

常规建议： 可以改变牙签的摆放方式，把 15 根牙签摆成金字塔形，顶部放 1 根，第二排放 2 根，如此下去第五排放 5 根；也可以增加牙签的总体数量，并对每轮抽取牙签的数量进行调整；还可以对游戏者每次抽取牙签所需的时间进行限定。

游戏元素整合与谜题创编：

（1）将牙签改换成同等数量的各种物品（棋子、磁铁、皮球等）。游戏者在参与数字游戏的时候，不仅要考虑如何战胜对方，还要思考每次拿的物品是否对自己有用（破解其他谜题）。把游戏者分成两组，将双方人员分别安排在两个游戏区域，让他们面对不同的困境。游戏者需要在行动前，对自己所处游戏区域的状况有个大概的了解，并在此基础上选择应对策略。有时候需要获取数字游戏中最后的道具，而有时候会选择放弃这个环节。以牙签游戏为例，游戏者可以用每轮拿走的牙签（或者直接用物品代替牙签）换取同等数量的物品，如水、瓶子、颜料等，而自己只有获取水和瓶子这两样东西才能帮助团队完成任务（用瓶子把一定量的水输送到特定区域，然后将水倒入另外一个容器，通过水的浮力获得塑料泡沫等物品）。游戏者经常会面对进退两难的局面（如果游戏者抽取两个牙签，则可能会让自己处于被动，不抽取会直接导致牙签游戏的失败），需要在权衡利弊后做出选择。有时候，游戏者为了使己方在后续游戏环节中处于优势地位，可以战略性放弃一些游戏任务。

（2）加入对抗模式。双方游戏者只有破解相应的游戏谜题才能获得抽取道具的机会。例如，每组游戏者都需要面对 5 个区域，每突破 1 个区域就获得 1 次选择道具的机会。游戏者想要让己方处于优势地位，就必须尽快破解每个区域中的谜题，拿到优先选择权。但是，拿到道具的优先选择权并不代表一定能让自己的团队获得游戏的最终胜利。如果在选择物品时做出误判，拿到的道具不适合后续的谜题，则很可能让己方陷入被动的局面。例如，在渡河游戏中，选择瑜伽块或长木板都可以顺利通过河流，但是在接下来的环节中如果需要游戏者从对岸取回一些物品，那么选择长木板会让团队获得较大的优势（用长木板搭建独木桥，可以提升物品的搬运效率）。这里需要游戏者有大局意识，对整体游戏情况要有全面的把握，否则会事倍功半。

第五节　科学活动领域游戏创新素材

一、科学活动概述

少年儿童对世间万物具有无穷无尽的好奇，而且他们常常把这种好奇付诸行动。在生活中，少年儿童通过动手实践的方式，从各种尝试中积累经验和知识。

本节将介绍一些有关科学的游戏活动，它们让少年儿童明白自己可以通过各种各样的方法探究世界。在照料动植物的时候，人们实际上就是在发展自己的观察技能；当探究磁铁、化学物质的本质时，人们就是在发展提出疑问、检验假设和解决问题的能力。总之，科学活动向少年儿童展示了观察、实验、分类、归纳、解决问题及求证的过程，使他们对科学产生向往，有助于思维发散和科学精神的形成。

本节的科学活动相关游戏素材被分为两大类。一是科学实验，如寻找能被磁铁吸住的东西，通过感官捕捉事物的特点，等等。二是追踪观察类活动，主要是为少年儿童留出较多自由探索和进行实验的时间，让他们自主观察事物变化，如记录从夏天到秋天的天气情况，外出观察自然变化，等等。这部分的所有活动都是鼓励少年儿童尝试用新的方法来探索周围世界，让他们感到学习并不是死记硬背，而是观察、思考和验证，是主动探究而不是被动接受，是创造而不是模仿。

在开展科学活动的时候，应重点突出科学探究的过程，可以从提出问题开始。例如，假设你想品尝一种新的食品（如水果、料理等），你会怎么办？当看到商店里有很多玩具时，你如果想买一个柔软的玩具，那么应该怎么挑选？等等。这些问题有助于少年儿童意识到他们可以用自己的感官获得所需的信息。还可以问：你想了解什么事物？怎样才能知道得更多？让游戏者列出一张清单，上面写着关于自己想要了解的事物的相关信息，这样可以帮助他们理解有关术语，如观察、探索、实验、研究、分析、归纳、综合和检验等。

（一）科学实验

（1）拥有广博的科学知识，愿意讲解和探讨有关自然世界的经验。
（2）能够通过一种或多种感官观察身边的物体，了解其物理特性。
（3）能够在观察的基础上，利用有限的信息对事物进行预测。
（4）对绘画，制作图表、序列或其他类型的观察记录等表现出浓厚的兴趣。
（5）能够对事物做出"如果怎样，就会怎样"之类的假设，并学习如何从不同角度观察和解释事物。
（6）能够进行简单的实验，检验自己或者他人提出的假设（例如，将大小不同的石头或者不同材质的物体投进水中，观察哪些物体沉得快一些，哪些物体沉得慢一些）。

（二）追踪观察类活动

（1）对自然现象及相关书籍表现出较为浓厚的兴趣。
（2）善于观察周围环境的变化（如树上长出的新叶、草丛中的虫子、细微的天气变化和季节变换等）。
（3）能够按照不同方式对物体进行分类。
（4）喜欢比较、对比各种物体或事件，并从中寻找相似或不同的地方（例如，比较螃蟹和蜘蛛、蝎子和龙虾、蝗虫和蟋蟀等）。

二、科学活动领域游戏的素材与创编

（一）科学实验

1. 开动玩具车

目的：通过实验，了解磁铁的作用，检验假设，进行比较与对比，培养观察能力。

游戏准备：准备金属玩具车、强性磁铁、金属制品（金属丝、硬币、铁珠、钉子等）、吸管。开动玩具车示意图如图4-52所示。

图 4-52　开动玩具车示意图

活动方法：

（1）游戏开始后，向游戏者提供一辆金属玩具车，要求他们在不直接触碰金属玩具车的情况下，让它开动起来。

（2）把游戏者分为几个小组，每组分配一辆金属玩具车。鼓励他们使用各种工具或物品使金属玩具车开动起来。还可以给游戏者设计一个记录表格，让他们画出或列举出能够让金属玩具车开动的物品，以及使用的方法和效果。

（3）当游戏者尝试了各种物品后，向他们提问："你们用什么物品能使金属玩具车开动起来？"如果游戏者发现磁铁可以使金属玩具车开动，或者有别的想法，就鼓励他们表达出来，并问他们是否认为这些方法可行。让游戏者相互之间仔细观察，并讲述自己的发现（其他方法可能是用嘴吹气推动金属玩具车或使桌面倾斜），通过讨论启发他们思考哪些方法对今后的生活会有所帮助。

规则：哪一组能够让金属玩具车移动最远，哪一组获胜。

常规建议：游戏者分组进行游戏，给每个小组发一块磁铁和一盒小物件，如回形针、钉子、弹珠、硬币等，然后让游戏者找出与磁铁相吸引的东西，并把实验结果记录下来，用来发现某种模式或规律。也可以在桌上贴两个标记（"吸引""不被吸引"，或者"是""否"），把检验过的物体放在标记上，用以表示结果。最后，进行小组讨论，看看游戏者是否发现了能与磁铁相吸引的物体的共同特点。游戏者可能会形成这样的概念——大部分金属物体与磁铁相吸。当然也可能会有人持不同意见。

游戏元素整合与谜题创编：

（1）将游戏中需要用到的工具进行拆解，把其中一个重要的金属零件放置在玻璃容器（或者塑料容器）中。游戏者需要先找到磁铁，再利用磁铁将容器中的金属制品吸附住，慢慢将其拖动到特定的位置后取出。也可以在容器里设置金属感应器，让游戏者使用磁铁将铁球吸引到金属感应器周围，让铁球触碰金属感应器完成解锁，最后取出相应的道具（如钥匙、零部件或者带有提示信息的物品等）。

（2）可以搭配一些磁悬浮玩具，将磁铁悬浮在特定位置的上空，搭配相应的故事情节，增加游戏的趣味性。例如，游戏者完成磁铁悬浮之后，自动触发其他谜题道具启动。

（3）在游戏中引入魔术类道具，如心灵螺钉，通过磁铁接触，可以让螺钉帽自动从螺钉上旋转并脱落。在游戏谜题中加入与科学相关的游戏元素，可以开阔少年儿童的视野，激发他们学习科学知识的兴趣。

（4）将不同大小的物品堆放在一个盒子里，让游戏者从中寻找特定的物品。例如，游戏者需要在盒子里寻找钢珠，但是其中有很多干扰物（可以是同样大小的塑料弹珠，也可以是各种形状的非金属物体），游戏者可以根据金属物品的特点，在房间里寻找磁铁，这样有助于游戏者从众多的物品中挑选出钢珠，提高收集物品的效率。

（5）对游戏时间进行限定。在规定的时间内让游戏者从瓶子、试管或者各种小型容器中取出金属物品。由于人的手指不方便直接伸入容器之中，所以需要游戏者思考其他的解决方案。当游戏者面对瓶子中的金属物品时（瓶子被固定在原地，不能移动），他们第一时间就会想到磁铁之类的物品。如果是小塑料球，寻找适量的水就会成为优先选项。可以在游戏场地里放置一些较小的磁铁，如磁力球、磁铁戒指、磁铁块等，游戏者可以将收集到的磁力球连接起来，用它吸附远距的金属物品。如果磁力球的数量不足以连接形成足够的长度，就需要在每两个磁力球之间增加一些金属物品，这样可以延长磁力链条，然后像钓鱼一样，将这条由磁铁和金属物品组成的链条伸进瓶子里，最后取出目标物品。

2. 感官游戏

目的：了解自己的感官，通过比较、对比、检验假设得出结论。

游戏准备：准备无色透明的液体（水、糖水、盐水）、琥珀色的液体（蜂蜜、米醋、苹果汁、料酒）、黑色的液体（咖啡、可乐、酱油、墨水），若干透明、带盖的玻璃瓶子。感官游戏示意图如图 4-53 所示。

图 4-53　感官游戏示意图

活动方法：

（1）在桌上摆放 3 个装有不同液体的瓶子，问游戏者能不能分辨出瓶子里的液体是什么，以及哪一个瓶子里装的东西是自己最喜欢的（这 3 个瓶子里分别装有米醋、酱油、可乐）。游戏者通常通过视觉分辨物体，鼓励他们用别的办法解决类似的问题。

（2）虽然可以通过眼睛看判断液体的种类，但有时还需要其他感官参与来做出判断。鼓励游戏者用鼻子闻不同液体的气味，或者倒一些液体到纸杯中品尝（必须是能够饮用的液体）。最后让游戏者把发现的情况告诉小组内的成员，帮助他们总结不同感官的功能。

规则：在限定的时间内分辨各种物品，可以限定感官使用的数量。

常规建议：在游戏者是儿童的情况下，为了保证安全，要向儿童强调，在没有家长、教师或其他负责管理的成人指导的情况下，不能喝没有标签的瓶子里的东西。

游戏元素整合与谜题创编：

（1）创编与五感（视觉、听觉、嗅觉、味觉、触觉）相关的游戏谜题。例如，为每种感官设定相应的游戏，将各种能够散发气味的物品放置在不透明的容器里，让游戏者通过嗅觉识别，并将这些物品按照某种顺序进行编号（将数字贴在容器上）。当游戏者准确判断出每种物品是什么之后，就可以获得与其相关的密码信息。

（2）在黑暗的房间中，让游戏者通过触觉分辨他们触摸到的各种物品，可以运用嗅觉辅助，判断获取的物品是什么。例如，游戏者通过触摸发现了一节电池和一个手电筒，可以在黑暗的环境中将其组装起来，然后用手电筒进行照明。

（3）在视觉方面，可以在谜题中加入大量的视觉艺术图形，将数字或文字信息隐藏在各种图形之中，如 3D 效果图、艺术画作等。

（4）让游戏者在特定的游戏环境（如黑暗的房间）中判断发出声音的方向和位置，或者识别发声的乐器、音乐中的节奏、声调的高低等，并通过这些信息的提示破解谜题。

（5）游戏开始前，分发给游戏者 5 种不同风味的饮料（如可乐、苏打水、苦咖啡、果汁和清水，代表不同的味道），不要提示游戏者这些饮料可以当作解决问题的道具，只告诉他们这些都是随身携带的日常用品，可以直接饮用。在游戏过程中，设定一些故事情节让游戏者思考，其中可能会让游戏者寻找一些东西。例如，故事中有人需要苦味的东西，看看游戏者能不能想起自己手中的饮料。

（二）追踪观察类活动

1. 季节变化

目的：学习观察和研究季节变化，学习如何保护自然环境，通过观察、比较、对比，记录并解释观察结果。

游戏准备：准备塑料袋或纸袋（每人 1 个）、观察用的文件夹（每人 1 个）。季节变化示意图如图 4-54 所示。

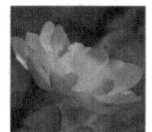

图 4-54　季节变化示意图

活动方法：

（1）此活动主要通过外出散步、参与营地教育和户外拓展等形式进行。给游戏者分配不同的主题任务，如春天观察季节变化，夏天寻找绿色植物，秋天收集各种树叶，冬天感受户外温度变化。这些活动都能检验人的观察能力。在保证安全的条件下，进行户外散步、参与野外教育等活动都是引导儿童自由观察和探索周围环境的好办法。

（2）做好出行路线方面的计划，每次出行都可以按照之前走过的同一路线进行，帮助每个儿童"申请"一块属于他们自己的小块土地或物品，在上面做一个永久性的标记，以便在不同季节路过的时候都可以被认出来。在计划中把儿童做过标记的区域画出来，鼓励他们观察自己区域的独特性，如阴暗/明亮，草场/沥青路面，有物体（树或岩石）/空地，等等。在儿童选择区域之前，告诉他们将在自己选定的地方或物品处进行一年的记录，便于开展科学研究。观察不同季节期间，事物发生的各种变化。可以给儿童准备一个文件夹记录观察到的东西，并加以说明。

（3）每次外出参与自然观察活动时，要求参与的儿童画出或者写下他们的观察结果，尤其是要记录对他们自己区域的观察结果。例如，有没有发生变化？哪些地方发生了什么变化？用选项或工作单的记录方式帮助儿童记录他们观察到的事物。可以提前给他们每人一张附有日常生活用品、动植物等信息的图表，方便他们勾选。活动结束后进行小组讨论，对比大家的所见所闻。

规则：该游戏主要面向学龄儿童；观察与记录不同季节中的动物、植物、天气和景色，总结每个季节的典型特征和变化，比较不同季节之间的差异和相似之处。

常规建议：做好计划，包括时间、地点、路线、相关物品等，注意安全；在大自然中散步、出行或者参与野外教育的时候，为儿童提供在自然环境中收集他们感兴趣事物的机会，方便我们观察儿童如何以自己的方式进行活动，以及他们是如何以不同于别人的方式接触大自然的。

游戏元素整合与谜题创编：

（1）与中国传统文化相结合，游戏设计可以搭配二十四节气（立春、雨水、惊蛰、春分、清明、谷雨、立夏、小满、芒种、夏至、小暑、大暑、立秋、处暑、白露、秋分、寒露、霜降、立冬、小雪、大雪、冬至、小寒、大寒）。游戏场地分为4个区域，分别代表春、夏、秋、冬4个季节，让游戏者根据二十四节气的特点，在不同区域内开展相应的活动。例如，谜题中提到了惊蛰，需要游戏者在代表相应季节的游戏区域内，搜寻符合惊蛰这个节气特征的事物；或者让游戏者根据游戏区域里的环境布局，对某个节气进行判断，然后思考与这个节气相关的事物和活动；也可以将这个节气所对应的日期设定为密码等。

（2）让游戏者在游戏区域里根据音乐、环境、各种事物等推理判断该区域代表的是哪个季节。根据游戏提示，游戏者需要进行分工协作，通过肢体语言表现这个季节。

（3）可以融入诗歌、短文等文学作品，让游戏者通过文字信息判断其所对应的季节，然后根据季节开展相关活动。例如，文字信息显示的为秋天，游戏者需要在场地内寻找与秋天有关的物品和工具，并按照游戏提示完成相关任务（收集五谷杂粮、堆放粮食等）。

2. 水的世界

目的：通过玩水游戏，了解实验的程序，检验假设，进行比较与测量。

游戏准备：准备水缸（盆）、围裙，以及玩水用的各种器皿，如瓶子、针筒、管子、杯子、滴眼器。水的世界示意图如图4-55所示。

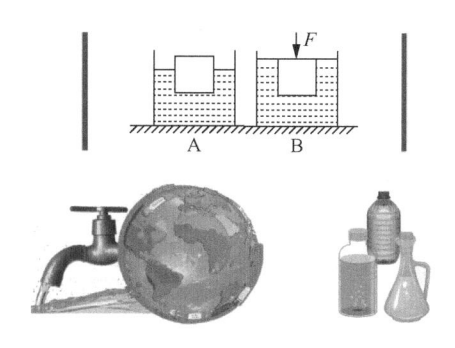

图 4-55 水的世界示意图

活动方法：

（1）游戏由 4 个部分组成，全程以解决问题为中心，给予游戏者相关问题的具体信息，让其思考并利用提供的道具完成任务。

（2）活动要用水盆，最好把活动安排在水源附近，并配备拖把、毛巾。提醒游戏者不要使水溢出，若有溢出，则要立即擦干。每次活动要根据水盆的大小，限定活动的人数。

（3）有的时候，可以准备好水盆，让游戏者自由地玩水，把水倒进倒出；而在另一些时候，可以引入科学实验，让游戏者形成假设，仔细观察，操作材料，检验结果。

（4）可以给予相应的提示信息，帮助游戏者形成假设，并通过实验得出结论。

规则：不能破坏游戏提供的各种道具，不可以使用游戏范围之外的任何道具来进行辅助。

常规建议：可以改换限定范围内的器具和物品，尝试使用其他生活用品来进行实验，对比不同实验的结果，并开展小组讨论。

（1）水的倒进与倒出。准备茶匙、棉球、杯子、吸管、滴眼器、不同大小的漏斗和长管子、无针头注射器。相关问题任务如下。

① 一杯水全部流过漏斗需要用多少时间？

② 你能使用什么物品、装置或方法让水漏的速度加快？（出示几种物品：大小不同的漏斗、管子附件、棉球等）

③ 你能说出哪种物品可以让杯子更快地装满水吗？（提供滴眼器、茶匙、吸管、无针头注射器等）

（2）水的浮力。准备各种沉、浮物体，如胶卷筒、海绵、塑料蛋、垫圈、软木塞、硬币、石头、木块、铝箔等。相关问题任务如下。

① 你认为哪些物品在水中能浮起来？

② 你认为哪些物品在水中会沉下去？

③ 为什么有的物品会浮在水面，有的物品会悬浮在水中，而有的物品会沉底？

④ 你怎么知道轻的物品总是上浮，重的物品总是下沉？

（3）溶解。准备塑料容器、滴眼器、各种无害液体与固体，如食用油、食用色素、颜料、洗发水、沙子、玉米粉、面粉、盐、糖。相关问题任务如下。

① 当你倒入溶解物时，水会变成什么样子？

② 你能分辨哪一瓶是糖，哪一瓶是盐吗？你是怎么判断出来的？

③ 当你往水里加入食用色素和颜料时，水还是原来的样子吗？（注意事项：将材料标上 A、B、C、D 的编号，告诉游戏者可以用字母记录实验情况，如 A+B+C＝产生的结果）

（4）容积。准备各种各样适宜的塑料容器、量杯和瓶子。相关问题任务如下。

① 这个瓶子里的水比另一个瓶子里的水多吗？

② 你怎么知道这个瓶子里的水比另一个瓶子里的水多？

③ 怎么检验两个瓶子里的水是否等量？

游戏元素整合与谜题创编：

（1）将水从一个容器注入其他容器中，在容器的底部安装重力触发设备，当容器中水的重量达到一定数值后，会触发相应的机关道具。可以多放置一些容器，让游戏者对容器进行判断，如哪些容器需要注水，或者在注水前需要将容器搬运至哪个位置。可以限定游戏时间，让游戏者在有限的工具中挑选出能够帮助自己提高注水效率的道具。

（2）在比较深的容器里放置能够浮起来的物品，让游戏者通过往容器里灌水的方式获取物品。可以设定游戏时间，如果游戏者不能在限定的时间内将水位提升到能够获取物品的位置，则会关闭注水口或者关停水源，游戏失败。

（3）与障碍类游戏和力量素质类游戏搭配。让游戏者先从场地某一区域寻找水源，并将其运送到指定地点，再借助水的浮力让所需物品和道具漂浮起来。可以将水分装到一些体积较小的瓶子中，让游戏者从地道中传递瓶子；也可以将重力触发设备安装在一个较小的空间中，利用水的重量触发机关道具等。

（4）与科学实验相结合，如酸碱中和实验。首先，将一个玻璃/塑料管固定好，里面放置食用碱或小苏打粉末，游戏者根据场地上找到的提示信息，将水注入玻璃/塑料管里，获取其中的碱性液体；然后，将其与一些酸性液体或者含有天然色素的液体混合，让它们产生化学反应；最后，游戏者通过对实验结果的仔细观察，获取与谜题相关的信息。

第六节　社会理解活动领域游戏创新素材

一、社会理解活动概述

社会理解活动的主要作用是促进少年儿童的社会学习，发掘他们的社会性潜能。社会智能是用来概括人际关系和自我认知两个方面的智能。前者建立在对他人了解的基础上，如人在心情、性格、动机及意图等方面存在差异。后者指对自己的认知，如对自己的能力、优缺点、期望和情感的了解，并基于自我认知对事件做出各种回应，将情感作为理解和指导行动的一种方式等。

本节的游戏活动主要用于发展 3 项关键能力：认知自我、了解他人、扮演社会角色。在少年儿童进行互动时，他们可以扮演一些被社会文化所尊重的角色，如领头者、促进者、好朋友等。值得注意的是，不同的文化可能尊崇和支持不同的社会角色，可以让游戏者尝试了解不同文化中的各种角色形象，有助于开阔他们的视野，促进文化交流。在游戏活动中，鼓励少年儿童检验相互之间的行为方式，探讨不同人的行为有何异同，这能够为讨论文化间的差异奠定基础。

由于社会理解活动多以小组的方式进行，在游戏过程中，可以发展少年儿童的观察能力、交际技能和反思能力。可以创设一些表演游戏区，在那里放置家具、衣物和其他生活用品，鼓励少年儿童探究社会角色和各种社会活动场景。当然也可以利用舞台剧、话剧等方式，为他们提供表演的机会。

在进行社会理解活动的相关游戏前，为了了解不同年龄段的少年儿童对"社会"一词的理解，可以提出一些问题，如你对社会的理解是怎样的？你是和同伴在一起吗？还是一起参加活动？或者是合作处理问题？等等。在他们交流了各自观点后，再参与各种社会理解活动，如打电话游戏、角色扮演游戏、结合道具讲故事或表演舞台剧等。最后，让少年儿童谈论他们从这些活动中学习和感受到的东西。

（一）认知自我

（1）认识自己的能力、技能、兴趣和不擅长（有困难、难以驾驭）的领域。

（2）反思自己的情感、经验和成果。

（3）通过反思来理解和引导自己今后的行为。

（4）对自己在某个领域表现是否出色、有没有感到困难等个人基本情况有一个全面、客观的了解。

（二）了解他人

（1）了解身边的伙伴及其行为特点，并在此基础上对他人从事的活动给出相应的评价。

（2）关心他人，并具有理解和感受他人思想及情感的能力。

（三）扮演社会角色

1. 领头者

（1）经常组织他人进行有目的、有计划的活动。

（2）在活动中，根据他人的特点为其分配适当的角色。

（3）能够清晰地说明各种活动应如何开展。

（4）能够监督和指导他人从事活动。

2. 促进者

（1）经常与他人分享创意、信息和做事的技巧。

（2）能够调解各种冲突（自己与他人的、他人之间的）。

（3）愿意且擅长邀请他人一同参加游戏。

（4）能够对他人提出的观点进行补充、扩展和完善。

（5）当别人需要关心时，能够主动伸出援手。

3. 好朋友

（1）会通过各种方式安慰心情沮丧的同伴。

（2）对其他人表现出的情绪比较敏感。

（3）对不同人群的好恶表示理解。

二、社会理解活动领域游戏的素材与创编

（一）认知自我

1. 指纹

目的： 做一套指纹，展现每个人的独特性，了解自己。

游戏准备： 准备印泥（颜色任意）、纸、放大镜。指纹示意图如图4-56所示。

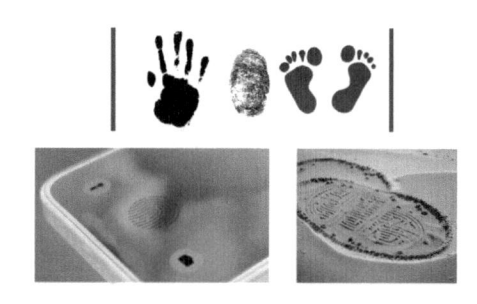

图 4-56　指纹示意图

活动方法：

（1）向游戏者介绍指纹的相关知识，让他们明确每个人的指纹都是不同的，通过一套指纹只能找到一个主人。因此，指纹可以被用来鉴定一个人（警察追捕嫌疑人时，通过指纹鉴定协助调查）。

（2）可以发给游戏者每人一张印有手部轮廓的纸，或演示怎样在纸上做手部轮廓，让游戏者自制手部轮廓。告诉游戏者如何标记手指：每个手指先在印泥上按一下，之后印在纸上相应的部位上。鼓励游戏者用放大镜观察自己的指纹，可以对各自的指纹进行对比，看看有什么异同之处。

（3）把游戏者印出的指纹收集起来。可以在计算机上放大指纹供游戏者观察，然后将其放大并打印出来。拿出印有各种指纹的纸张，鼓励游戏者对此进行分类，然后做一个图表来统计有多少名游戏者的指纹是旋纹、弓纹或环纹。

规则： 留下的指纹要清晰可见，并能说出自己指纹的特点。

常规建议： 让游戏者用指纹制作图片，或者把指纹用作印章，然后用记号笔和蜡笔完成图片；此外，让游戏者用颜料在一张大尺寸的纸上留下手印和脚印。

游戏元素整合与谜题创编：

（1）在游戏区域里放置大量的指纹图片，让游戏者从中辨别出有用的信息。

可以把密码、图案、文字等各种形式的信息隐藏在指纹中；也可以让游戏者对指纹进行记忆，然后根据指纹的特点，在接下来的游戏过程中寻找相同的指纹。

（2）谜题设计可以结合侦探解谜、逻辑推理和角色扮演等类型的游戏。例如，让游戏者扮演不同的角色，其中一部分游戏者以警察的身份去搜寻犯罪嫌疑人的指纹信息（使用胶带、面粉、印泥等获取指纹），而扮演犯罪嫌疑人的游戏者要设法隐藏个人信息。

（3）将一些指纹信息用荧光剂或者隐形涂料标记在游戏场地的某些区域，如墙壁上、地板上、镜子上、家具上和各种工具上等。游戏者可以借助紫光灯寻找隐形的指纹信息，也可以通过关闭照明设备，让涂有特殊材料的指纹在黑暗中散发光芒，从而获取隐藏的信息。

（4）可以在密码盘的各个数字上标记不同大小的指纹，让游戏者先寻找这些指纹对应的人员信息，再按照游戏提示信息推理出这些指纹的排列顺序，便可在密码盘上获取相关道具的开锁密码。

2. 剪影

目的：通过制作剪影，以一种新的方式了解自己。

游戏准备：准备纸（黑板、白板）、粉笔（记号笔）、灯、广告板或彩纸、胶带、胶棒。剪影示意图如图 4-57 所示。

图 4-57　剪影示意图

活动方法：把一张白纸贴在墙面上，让一名游戏者站在墙（黑板、白板）的面前，从他（她）的前方放出光线，让他（她）的影子落在纸的上面。然后用粉笔（记号笔）描下他（她）影子的轮廓，之后用剪刀将其轮廓剪下来。最后，向其他游戏者展示这张剪影，可以让游戏者猜猜这张剪影是谁的，或在剪影上附上名字的标签。

规则： 要求剪影完整，突出一个人的特点。

常规建议： 可以向游戏者提出问题，如"你怎样使自己看起来悲伤、快乐、愤怒和惊慌？""怎样和小伙伴一起制作出一个有两个头、两个鼻子、三只手的人物剪影？""两人如何一起制作出表示友好、生气或打斗的场面？"游戏者可以把自己制作的剪影给其他人，然后让他们分辨不同的形象及其情绪状态；把剪影变成拼贴，让游戏者翻阅各种杂志，剪下他们自己认同的言语或图片，贴到剪影上；鼓励游戏者结合自己的兴趣、情感和身体特征进行活动。

游戏元素整合与谜题创编：

（1）将游戏者分散到不同的区域中，让他们在各自的游戏区域寻找提示信息，然后通过灯光将自己身体动作产生的光影投射到场地的其他位置，给身处其他区域的游戏者传递信息。可以周期性地提供光源，让游戏者在限定的时间内，迅速完成相应的身体动作造型，或者用双手摆出各种能传递信息的造型。

（2）将各种剪影放在游戏区域里，游戏者需要从众多的剪影中鉴别出与故事情节相关的人物剪影，并利用剪影传递的信息获得密码或游戏提示等。

（3）游戏者通过配合，现场制作剪影。将制作剪影的相关道具进行隐藏，如将手电筒和电池分离，将蜡烛和火柴（打火机）分开，等等。让游戏者先破解其他游戏谜题，将所需道具凑齐，再根据要求制作剪影。

（4）可以让游戏者在特定的区域进行光影投射。例如，在场地上设置一系列障碍物，如半球、瑜伽球、软箱、平衡木等，让游戏者站在这些障碍物的上方，制作剪影或者进行光影投射。也可以让游戏者通过协作的方式，共同完成投影（双人、多人协作），或者将光影投射在墙壁上的一个指定的区域内，要求投影的形状和尺寸必须符合游戏的要求。

（二）了解他人

1. 谁失踪了

目的： 了解他人，训练观察技巧。

游戏准备： 准备秒表、眼罩（蒙眼的布条）、毯子。了解他人示意图如图 4-58 所示。

体验式综合能力拓展游戏

图 4-58　了解他人示意图

活动方法：

（1）让游戏者在地上围成圆圈坐下，选一名游戏者扮演"侦探"的角色，另选一名游戏者当"引导员"。用眼罩将扮演"侦探"的游戏者的眼睛蒙住，"引导员"选择一名游戏者离开房间或躲藏起来（或者通过投影信息确定需要躲避的游戏者），其他游戏者要尽快变换位置。

（2）扮演"侦探"的游戏者观察房间中剩下的人员，要在 1 分钟内迅速找出消失的那名游戏者。由"引导员"掌握时间（或者使用计时器自动监控时间）。"侦探"可以问一些关于离开的那名游戏者的问题（如那个人是不是戴眼镜？头发是不是很长？个子是不是很高？），回答问题的人员只能回答"是"或"不是"。

规则：不能偷看，要在限定的时间内完成任务，其他游戏者不可以给"侦探"传递具体信息。

常规建议：这个游戏适合少年儿童在校园环境中进行，尤其是在新生入学的时候，在教室里做同样的游戏能够促进学生之间的交流；从游戏者中随机挑选一人，让他站在人群中间，鼓励大家在 30 秒之内观察这个人的形象，然后请大家闭上眼睛，站在中间的游戏者迅速改变自己身上的某样东西（如把手表从一只手换到另一只手，把衬衣的下摆塞进裤子里，等等），然后请其他人睁开眼睛，说说发生了什么变化；录下某名游戏者在场上活动时发出的声音，在大家围坐时播放，让大家猜猜是谁的声音。

游戏元素整合与谜题创编：

（1）可以在谜题中融入"找不同"这项游戏活动。例如，在游戏开始区域摆放一个模特,在游戏结束区域再摆放一个模特,给这两个模特搭配相似的装饰(服装、鞋帽、各种配饰等)。游戏者从游戏开始区域走到游戏结束区域需要经历很多其他的游戏环节。当经过了一段时间后,游戏者需要在游戏结束区域凭借之前的记忆,找出两个模特身上的不同之处。例如,给两个模特配置相同的服饰,只改变它们手上戒指的颜色。可以让游戏者收集模特身上不一样的物品;也可以将模特装扮成完全不一样的风格,让游戏者从它们身上寻找相同的物品(如戒指)。

(2)通过观看一系列的体育技术动作,让游戏者分辨其中的异同。例如,可以观看武术套路、篮球运球、艺术体操等体育运动项目的相关视频,然后让游戏者进行点评或者模仿。游戏者在他人模仿的时候要仔细观看,寻找其中的异同。可以将各种异同点作为游戏环节中所需的密码信息进行设计,如投篮时出手动作的角度,或者该运动员在罚球线投篮之前做出的习惯性运球的次数,等等。

2. 打电话

目的: 了解人际交流的复杂性,增强人际交流的能力。

游戏准备: 准备纸杯、罐头盒、线、大纸盒、塑料管、漏斗、图表纸和记号笔(黑板和粉笔)。打电话示意图如图 4-59 所示。

图 4-59 打电话示意图

活动方法:

(1)让游戏者围坐成圈,其中一名游戏者想出一句话,然后轻轻地告诉邻座的游戏者,第二人再低声地传给后面的人,以此类推进行游戏,直到传给最后一名游戏者。这名游戏者大声说出自己听到的那句话。把最后一名游戏者说的话和第一名游戏者说的话做对比，让他们思考如何做能使信息传递得比较清楚、准确和完整，并把他们的回答记在纸上。讨论言论和事件是怎样被误传的。

（2）对某种声音进行传递。让游戏者向邻座的人传递一个特殊的声音（如狗叫声、猫叫声、婴儿哭声、门铃声等）。这次不是只传给一个人，而是向游戏者左右两边的游戏者分别传话，然后沿两个方向进行传话游戏，最后听到从左右两边传来的声音的那名游戏者告诉大家，他收到的两边传来的信息是否相同。

（3）向邻座的人传一个脸部表情，他的邻座模仿并传给下一人，可以让游戏者先闭上眼睛，直到他邻座的人拍一下他的肩膀。最后一名游戏者和第一名游戏者分别做所传的那个表情，让大家看看他们二人的表情有什么差异。

规则： 在信息传递过程中，不能偷听或者偷看，否则会影响游戏的效果。

常规建议： 帮助游戏者做一些纸杯或锡罐电话，让他们轮流打电话，交流内容为邀请谁参加晚会或去超市购买某些商品等（这种方法适用于角色扮演游戏）；用两个纸盒子做成电话亭，每个都能让游戏者坐或站在里面，而且能放一根长的塑料管，然后用塑料管把两个电话亭连起来，在塑料管的每个端口连一个漏斗，让游戏者用它作为话筒进行聊天。

游戏元素整合与谜题创编：

（1）对游戏者进行分组，并隔离在不同的游戏区域。游戏者先在自己所处的区域内寻找一些残缺的信息，再设法进行信息交流。例如，将一些老旧电话或者手机设备拆解，将其零部件分散到各个区域。游戏者需要收集通信设备的零部件，根据需求相互传递道具，完成设备的组装，最后通过自制设备传递信息（可以是语言信息、各种声音等）。可以为游戏者提供局域网，让他们借助录像设备把各自掌握的信息制作成视频，通过计算机发送给对方。

（2）可以让游戏者通过某一种方式进行信息传递，如说话、模仿各种声音、做表情动作等。也可以让游戏者通过多种方式进行信息传递。例如，让区域1和区域2的游戏者利用两个区域之间的镜子，把自己的动作、表情通过镜面反射的方式传递出去；区域2和区域3的游戏者借助通信设备进行交流，如电话、自制发声筒等。以此类推，看看最后一个区域的游戏者是否能够获取准确的信息。

（3）可以与其他身体运动类游戏、数字类游戏和音乐类游戏等搭配。在游戏中，一部分游戏者需要寻找提示信息并设法将其传递出去，另一部分游戏者接收信息后，按照指示开展活动。例如，游戏者将场地上的各种物品收集起来，并根据接收到的提示信息制作乐器、画笔、测量工具等，最后将制作好的道具传递给发出信息的游戏者,帮助他们处理其他的谜题。

(4)可以跟情景类游戏和角色扮演类游戏融合,将故事情节设定为侦探解谜。游戏谜题会涉及不同角色通电话的场景,需要游戏者进行逻辑推理,辨别出谁在撒谎等。例如,A 角色通过电话语音留言,说了一些关于 B 角色的相关情况,此时,游戏者可以通过查询 B 角色的号码与其获得联系,确认 A 角色所说的情况是否属实。这样可以训练少年儿童的逻辑思维能力。

(三)扮演社会角色

同舟共济

目的: 学会合作解决问题,扮演不同的社会角色,能够顺畅地与他人交流想法,并确认自己和他人的能力。

游戏准备: 准备透明的细颈瓶、动物状的橡皮(贴有动物贴纸的橡皮)、丝线、积木、绳子、眼罩。同舟共济示意图如图 4-60 所示。

图 4-60 同舟共济示意图

活动方法:

(1)告诉游戏者他们将要迎接一系列的挑战,为了取得成功,他们必须合作。

(2)拯救动物:把 5 个动物状的橡皮(贴有小动物贴纸的橡皮)分别系在 5 根丝线上,放入细颈瓶中,每根线头吊在瓶外。让游戏者扮演 5 只被困在深井中的动物。游戏开始后,游戏者要尽快地把掉到井里的动物救起来(限制时间,如果不能在有限的时间内逃离,则游戏失败)。注意:必须对瓶颈的尺寸进行控制,不能让游戏者将代表动物的橡皮同时取出,要求每次只能取出一只动物。因此,游戏者只有学会协调、合作努力才能更快地逃离瓶子（可以改换故事情节，告诉游戏者房子着火了，要在有限的时间内逃出房间，游戏者需要通过协作完成任务）。

（3）搭积木比赛：把收集的积木分给各小组，让游戏者尝试搭建高的建筑物，测量搭出的建筑物的高度并记录下来。让游戏者重复同样的活动1～2次，看他们能不能总结经验、吸取教训，把建筑物搭得更高些。

（4）摆形状：对游戏者进行分组，给每个小组一根绳子。游戏开始后，蒙住游戏者的眼睛，让一个小组的游戏者合作拉出不同的形状，如正方形、三角形或圆形等。告诉他们都不要放开绳子，也不要取下眼罩，直到他们认为已经变出想要的形状为止。

规则：全程按照每个游戏的具体要求进行，期间不能破坏相关道具。

常规建议：不同小组解决同一问题所运用的策略有所不同，每次任务结束后，每个小组派一名代表向其他人说明自己小组的策略；记下游戏者在解决问题过程中担任的角色，看他们进行角色变换是根据活动本身的需求，还是根据组内成员的意愿。注意：小组之间可以相互观察，看看其他小组成员在承担某些角色时的表现；也可以分配给游戏者一些他们不经常担当的角色，增加他们对该角色的认识。

游戏元素整合与谜题创编：

（1）对游戏场地进行设计，将某些区域的通道变窄，让游戏者在规定的时间内全部通过这个通道。例如，设计一个地道，让游戏者通过爬行穿过这个区域。可以将游戏区域分成楼上和楼下两层，游戏者初始位于楼下，需要设法走到楼上。游戏者需要通力合作，先让其中一名游戏者借助其他人的肩膀爬上二楼，再让上面的游戏者将下面的队友拉拽上去。

（2）给游戏者发放一些报纸，或者让游戏者自己在房间内寻找纸张、纸箱等可以用来制作纸房子的道具。游戏者需要在规定的时间内，通过手中的纸张、胶带和工具制作一个建筑物。要求制作出的建筑物能够保持稳定状态，而且越高越好。游戏者要分工协作，有人负责寻找合适的材料，有人负责设计建筑，还需要有人负责折纸的工作等。

（3）将游戏者分为两人一组，然后每个人站在不同的位置（可以站在不同的高度），手里至少要控制1～2根绳子。让每组游戏者利用手中的绳子，将一个皮球运送到指定位置，他们需要让皮球在两根绳子之间，然后对皮球进行传递（期间皮球不能掉落）。在整个过程中，游戏者不可以触碰皮球，而是要通过控制手的力度和高度，对绳子所处的位置和角度进行调整，确保皮球能够顺利滚动到指定位置。游戏者要合作处理各种情况，如对皮球进行横向水平传递或者由高到低传递等。

第七节　视觉艺术活动领域游戏创新素材

一、视觉艺术活动概述

擅长绘画的人通常能觉察到线条、颜色、质地、布局的微妙差别。本节搜集的游戏素材旨在培养人的观察力和创造力。其中，训练艺术感知的活动是想让少年儿童通过参加绘画活动，形成对形象世界和艺术作品的敏锐感知。在制作艺术作品的活动中，引入了一些活动促使少年儿童运用各种图案、色彩等视觉特征方面的知识（已经积累和正在积累的），通过亲自动手来创作艺术作品。这些活动有助于发展他们将观念具象化所必备的物质：表现能力、绘画技巧、想象力、探究的欲望和冒险精神等。

经常参与视觉艺术活动能够帮助少年儿童练习自我表达，并引导他们利用绘画材料和绘画工具制造出各种视觉效果。与此同时，这些活动还可以有效地促进少年儿童的经验发展，提升他们在绘画方面的一些必备技能和技巧。当少年儿童掌握了足够的技巧后，就可以通过各种具有创造性的方式表达自己的想法。

人们自从会握笔开始，就能够在纸上或者地板上进行涂抹。因此，少年儿童在上幼儿园之前已经有了不少关于绘画的经验和想法。在引入绘画活动之前，可以让他们先探讨和交流绘画方面的个人经验。例如，可以谈论自己以前的作品，最喜欢的绘画媒介或绘画工具有哪些，以及有关艺术活动的想法，等等。

在游戏活动里，我们要尽可能地为扩展少年儿童的感官经验提供多样化的帮助，帮助他们发现蛋彩和水彩的区别，在桌面和画架上绘画的异同，用毛笔和手指绘画的差别，等等。用手指进行绘画不仅促使少年儿童学会运用大、小肌肉群去勾勒线条、绘制图形，还有助于他们释放紧张的情绪。

（一）艺术感知

（1）能够感知周围环境和绘画作品中的视觉要素，如颜色、线条、形状、图案和细节。

（2）对不同艺术风格有敏锐的洞察力。例如，能区分抽象派、写实派、印象派的画作。

（二）艺术表现

（1）能运用平面和立体的形式，准确地表现眼睛所能见到的事物。

（2）可以为一般物品设计出容易辨认的符号，能恰当地安排空间布局，使整个作品显得更加协调。

（3）能够合理运用比例，描绘物体的细节特征，并选用适当的色彩来填充。

（三）艺术创作及技巧

（1）善于运用各种绘画要素（线条、色彩、形状等）表达情感，绘制的画作和雕刻的作品富有表现力及具有较好的平衡感。

（2）能通过装饰和图形表达出各种真实的表情（如微笑的太阳、愁眉不展的脸）与抽象的特征（如使用暗色的线条或低垂的线条来表示悲伤情绪）。

（四）艺术探索

（1）能灵活而富于创造性地使用艺术材料。
（2）善于运用线条和形状制作各种形式的作品（平面的、立体的）。
（3）能够制作各种题材的作品（如人物、建筑、风景、动植物等）。

二、视觉艺术活动领域游戏的素材与创编

（一）艺术感知

1. 认识形状

目的：认识艺术作品中的各种形状，训练对艺术的感知，能够意识到形状是设计的组成部分。

游戏准备：准备黑色、灰色或白色的手工纸，书、海报等绘画复制品。认识形状示意图如图 4-61 所示。

活动方法：

（1）给游戏者一些黑色、灰色或白色的手工纸，鼓励他们剪出各种形状（圆形、半圆形、椭圆形、三角形、矩形、正方形和梯形等），让其余游戏者辨认，并让他们寻找游戏场地中的某些形状的物品。

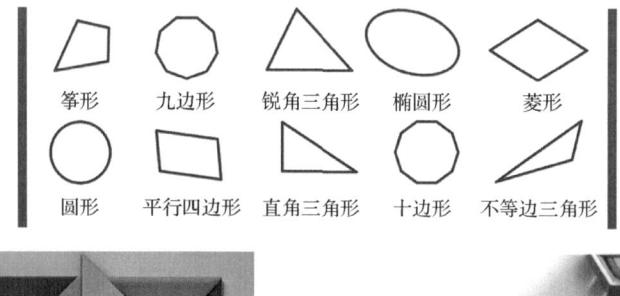

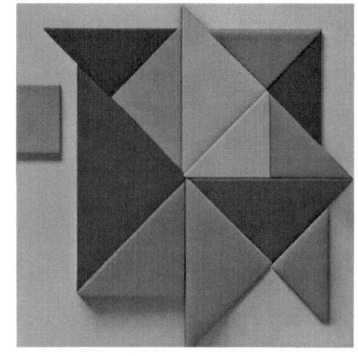

图 4-61　认识形状示意图

（2）告知游戏者几种形状（2～3 种即可），让他们在进行各种活动（如绘画、制作雕塑或复制图画）的时候找出相似形状的物品。

（3）让游戏者寻找画作中的图案，尝试发现画家运用几何图形的不同方式。提问游戏者问题：在某个艺术家作品中你看到了哪些形状？画家在他们的绘画作品中是不是把某些东西组合成了一定的形状（如把所画的人物、植物等组合成了一个三角形）？画家怎样运用同样的形状拼成不同的东西？

（4）可以为游戏者提供各种绘画材料作为参考，帮助他们开阔思路，然后让他们在自己的作品中尝试运用各种形状来绘制图画。

规则： 找出更多的图形，在自己进行绘画时尽可能运用较多的图形。

常规建议： 让游戏者用身体各部位构成各种形状，可以用自己的手指、手臂或整个身体构成一个圆形；可以找一个伙伴，两人拉成一个圆圈；所有游戏者一起围成一个大圆圈，再围成一个三角形或者长方形等。另外，可以给游戏者一个卷纸筒、透明彩纸和橡皮筋，让他们把透明彩纸蒙在卷纸筒的两头，用橡皮筋捆结实，这样就做出来一个简易的彩色镜。让游戏者用它来观察周边的事物，并询问他们能够看到什么颜色和形状的物品。

游戏元素整合与谜题创编：

（1）在游戏区域里放置大小不一的物品，其中包括很多形状相似的物品，游戏者需要在规定时间内收集特定的物品，或者根据游戏的提示（也可以是故事情节的提示）对一些形状相似的物品进行归类。可以在游戏区域内先预留出各种形状的格子，让游戏者寻找相同尺寸的物品，并将其放进指定的格子中（在格子中设置触碰设备，如金属触碰感应器）。

（2）结合拼图游戏，让游戏者利用各种形状的物品完成一张拼图。可以给游戏者提供一幅图画，让他们根据图画中物品的形状，在场地中寻找类似的物品，然后将图画中的物品在现实中进行复刻。例如，图画中是一个跷跷板，那么就要在现实中制作这个跷跷板，需要先获得一个长木板和一个滚筒。游戏者可以直接在场地中寻找适合的物品；也可以对一些材料进行改造，制作出类似的物品；还可以利用工具将场地上原有的道具进行拆解，然后将不同物品的零部件组装起来，完成跷跷板的制作任务。

（3）用形状表现数字。像计算器里的阿拉伯数字一样，用条块组成数字。可以在游戏区域里通过各种物品摆放出数字、文字和字母等符号，然后让游戏者找到一个合适的角度对这些符号进行观察，从中找出破解谜题的相关信息。

2. 卡片分类

目的： 提高对不同绘画风格的感知能力，学会辨别特定绘画作品或某些艺术家的作品。

游戏准备： 准备不同风格的艺术家的作品图片（明信片、杂志、照片或视频等）。卡片分类示意图如图 4-62 所示。

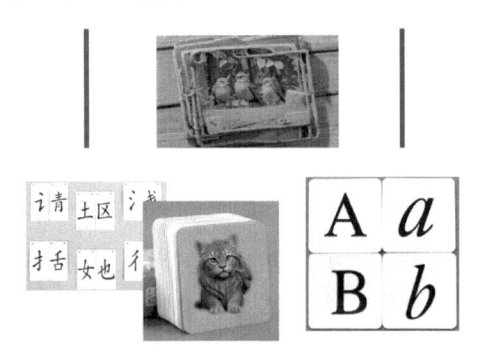

图 4-62　卡片分类示意图

活动方法：

（1）让游戏者按照自己的想法将各种图片进行归类，鼓励他们用多种方式进行分类。接下来，让游戏者探讨他们的分类方式，有以作品表达的主题为标准进行的分类，也有以图画的布局、颜色、气氛、艺术家及艺术风格等为标准进行的分类。可以列出一个关于画作风格的清单，供游戏者参考。

（2）让游戏者谈论他们喜欢的作品及喜欢的理由。互相交流对不同艺术家的了解，谈谈某些艺术家经常画的是什么，他们最著名的画作和他们的作画风格是什么，等等。

（3）可以播放一些不同风格的音乐，让游戏者选出 1~2 幅画与听到的音乐进行搭配。讨论他们选出画作的异同点。

规则： 分类要准确，尝试更多的分类方式，并说明不同分类方式的特点。

常规建议： 用投影仪给游戏者展示绘画图片，因为这样可以让画作更清晰地呈现在游戏者面前，让游戏者能够更好地欣赏作品；可以给所有作品附上说明，让游戏者了解艺术家是在怎样的社会背景下进行创作的。

游戏元素整合与谜题创编：

（1）将游戏相关信息隐藏在各种风格的绘画作品中，让游戏者根据图画的风格特点或者制作工艺等，对画作进行分类，并从中解读有用的信息。例如，卡片中有各种动植物，游戏者可以根据它们的生活环境进行分类，然后从卡片数量、内容和色调等方面寻找规律。

（2）可以先让游戏者识别不同的绘画作品，再将所需的图片移动或搬运到指定区域；也可以让游戏者按照要求找出相应的绘画作品，并对照该类型的作品进行仿制，这就需要游戏者搜寻纸张、颜料和毛笔等各种绘画工具。

（3）将游戏者分散在不同的区域里，他们只能在自己所处的区域内寻找提示信息，并把信息传递给其他区域的队友，然后根据完整的信息在众多画作中挑选出游戏指定的画作。

（4）在卡片的侧面标记各种符号，游戏者按照游戏提示，对卡片进行筛选，然后把它们按照顺序排列起来，如自下而上罗列，可以获得一个由卡片组成的立方体。立方体的每个侧面会呈现特殊的符号信息，游戏者通过这些信息推理谜题的破解方法。卡片侧面的符号可以用隐形记号笔进行标记，需要游戏者借助紫光手电筒来观察这些隐形的信息。

（二）艺术表现

1. 边看边画

目的：提高表现能力、注意细节的能力。

游戏准备：准备 1 个纸板箱，内装贴有标签的盒子，每个盒子里装一个立体的物品（如叶子、纸屑、铅笔）。边看边画示意图如图 4-63 所示。

图 4-63　边看边画示意图

活动方法：

（1）游戏者从纸板箱中选一个盒子，读出盒子上的内容，不要打开盒子。让游戏者凭记忆或想象画出盒子里的物品。作品完成后，让游戏者为自己画的作品标上名称、绘画人的姓名及记忆中的某个关键词，并把作品收集起来。

（2）打开盒子，取出里面的物品放在桌上，然后让游戏者仔细观察。让游戏者对物品的形状、颜色和质地进行自由评论，然后把这些物品放在游戏者面前，让他们一边观察一边进行绘画，鼓励他们尽可能地使用颜色、线条画出质地和形状等细节。当第二幅作品完成后，同样让游戏者在作品上标上名称、绘画人的姓名及记忆中的某个关键词。

（3）把第一幅画还给游戏者，提问这样一些问题：当你不对照实物进行绘画时，你凭借什么来画？当你边看边画时，画出的作品与不对照实物画出的作品有什么不同？是否进步了？为什么会这样？人们是否在仔细观察某一物品后，能够绘画出更细致、效果更好的作品？

规则：在不对照实物进行绘画的阶段，只允许游戏者观看一次目标物品，绘画期间不可以重复查看。

常规建议：尽量挑选那些游戏者比较熟悉的、比较容易画的物品。游戏者可以单独进行绘画，或者以小组为单位绘画各种物品。建议他们先凭记忆画，再边看边画，最后对前后两张图画进行对比，并分享和讨论绘画过程中的心得体会。

游戏元素整合与谜题创编：

（1）可以将一张图片固定在墙壁上（也可以将图片分解成几个部分，分散固定在不同的墙壁上），对游戏区域中的照明设备进行设置，让灯光周期性地出现和消失。游戏者需要在灯熄灭前的短暂时间段内，尽可能记住图片中的信息，然后回到指定区域进行绘画。

（2）对游戏时间进行限定，让游戏者在不同区域里寻找相关道具，如画笔、纸张、图片、颜料等。可以限制游戏时间，游戏者要尽可能快地将各种必需品收集齐全，然后完成图片的制作。例如，绘制图片需要各种不同的颜料，如果游戏者在场地上获得的颜料的颜色有限，那么他们必须利用现有的颜料进行调色。另外，图片的不同位置可能会用到不同的绘画工具，如硬笔、软笔、喷雾等，这需要游戏者寻找合适的画笔，或利用工具自制画笔。

（3）让游戏者使用发电机为游戏区域提供电能。例如，设置自行车发电设备，让一部分游戏者通过蹬自行车的方式给房间照明设备供电，使其他游戏者能在光亮中进行绘画工作。

2. 多角度绘画

目的：意识到从不同角度看物体有不同的效果，训练表现能力。

游戏准备：准备画纸、蜡笔、多色纸盒（每个面的颜色不一样）。多角度绘画示意图如图 4-64 所示。

图 4-64　多角度绘画示意图

活动方法：让游戏者从不同角度观看放在桌子中间的多色纸盒，然后让他们用蜡笔画出这个多色纸盒（只画在他们坐的位置能看到的样子）。等游戏者绘画完毕后，将所有人的作品进行比较，看看有何不同。同时，向游戏者提问一些问题：在你坐的位置能看到多色纸盒上的哪些颜色？为什么你画出的多色纸盒的颜色和形状与其他人的不一样？当你在欣赏一幅画作时，你知道作画者的绘画角度吗？

规则：在绘画时不可以随意走动，以免看到物体的其他侧面。

常规建议：可以从不同的角度拍下某个物体的照片，让游戏者观看，并讨论不同角度下物体的轮廓、形状和颜色的变化；也可以让游戏者自己制作一个物体，然后从不同的角度进行绘画，观察画出的内容，并进行评价。

游戏元素整合与谜题创编：

（1）让游戏者只能看到目标对象的一个侧面，需要他们把看到的画面绘制下来，并通过各种方式向其他游戏区域的队友传递信息，然后共同完成这个作品。游戏者通过解读图画中的信息，寻找破解谜题的方法。例如，把游戏中的场地设计成"十"字形，将4名游戏者分别置于4个方位，在中央区域摆放一个雕塑，雕塑的每个侧面都有不同的图案。处于不同方位的游戏者只能看到雕像的一个侧面，游戏者需要在各自区域中寻找纸和笔进行绘画，或者通过语言描述或肢体语言表达等方式相互传递信息，最终让大家对雕像的每个侧面有所了解。

（2）可以与逻辑-数学智能相关的一些游戏相结合。例如，先让游戏者通过工具测量目标物体影子的长度，再使用半圆仪和绳子等工具获得某些角度的信息。当相应数据收集完毕后，游戏者可以利用三角函数计算出目标物体的高度。也可以将游戏中的一些测量工具替换成生活用品，让游戏者寻找可用的工具，如尺子可用木棍或者绳子替代。游戏者要先获取这些道具，对其进行必要的改造，再使用它们测量物品。

（三）艺术创作及技巧

1. 调色

目的：学习调色，训练对颜色的敏锐感知。

游戏准备：准备平而透明的玻璃盘子或玻璃器皿、滴管、各色颜料。调色示意图如图4-65所示。

图 4-65　调色示意图

活动方法：

（1）让游戏者试着调色，告诉他们怎样用红色、黄色、蓝色三原色调出不同的颜色。让游戏者用两种颜料调出一些新的颜色，如橘黄色、青绿色、紫色。鼓励他们说出自己是怎样调出的，并写下所用的原色和调出的各种新颜色。

（2）告诉游戏者其他调色的方式。例如，放一只平而透明的玻璃盘子在桌子上，通过眼药水瓶将颜料滴在上面，先滴一滴红色颜料，再滴黄色颜料，每滴入一种颜料都将它们调匀，形成一种全新的颜色。

（3）游戏者可以做一张表格，记录哪些颜料混合会产生哪种新的颜色。如果各小组得到的配色结果不一样，则可重新试验并修正表格上的记录。

规则： 每次调色的时候，要注意一次只添加一种颜料，不要同时混入多种颜料，这样会影响对调色过程的记录。

常规建议： 让游戏者从红、黄、蓝3种颜料中任意选择两种，然后将其按照2∶1（3∶1、3∶2等）的比例进行混合。例如，用两勺红色颜料与一勺黄色颜料调出橘红色，用两勺蓝色颜料与一勺黄色颜料调出蓝绿色。游戏者可以在表格上记录调出每种新颜色所需颜料数量（勺数或杯数）之比，以此表明所加颜料的比例。此外，还可以准备一个装有温水的大的透明塑料瓶，让游戏者使用滴管把颜料滴入瓶中，观察各种颜色在水中扩散，然后慢慢地融合（用手机将颜色扩散和融合的过程记录下来）。

游戏元素整合与谜题创编：

（1）把各种颜色的颜料和调配颜料的工具分散到游戏区域中，游戏者只有破解谜题才能获取相应的颜料、工具和调色方法等。例如，要求游戏者在容器里将水调制成某一种颜色，这就需要他们先收集一定数量的瓶子、水、滴管和颜色调制配方等。设计谜题的时候，可以融入障碍类游戏、解谜类游戏和逻辑数学类游戏等，增加游戏者获取核心道具的难度。

（2）游戏者在获取颜料后，按照个人经验或游戏提示，对指定图片（或者木结构建筑、玩具等）进行上色。可以将涂抹颜色的画笔进行隐藏或者拆解；也可以在游戏区域放置一些物品（如羽毛、海绵），让游戏者对这些物品进行判断，找出合适的将其作为绘画工具。

（3）对颜色及其深浅进行规定。需要游戏者借助测量工具，按照比例勾兑颜料。游戏者可以通过实验进行试错，寻找配色的方法；也可以通过破解其他谜题获取现成的调色方案。

（4）除直接使用颜料配置特殊颜色外，还可以在游戏中引入一些化学知识，让游戏者通过简单的实验，改变各种液体的颜色。例如，在红酒中加入小苏打溶液，会让酒体颜色变成蓝黑色，然后加入白醋又可将其颜色恢复成红色。如果游戏者向红酒中加入小苏打溶液等碱性液体后瓶中液体的颜色没有发生变化，那么说明这个液体的颜色来自人工勾兑的色素，而不是天然色素。这一类游戏比较适合对少年儿童开展科普教育，可以搭配一些故事情节，让游戏者扮演市场监管人员，对假冒伪劣产品进行查处。

（5）可以把水果作为道具，让游戏者从颜色较为鲜艳的水果中提取颜色，如红色火龙果、葡萄皮和桑葚等。

2. 制作贺卡

目的：探究绘画设计，掌握装饰和设计的技巧，训练构图能力，探讨颜色的运用。

游戏准备：准备蛋彩、打印筒、黄油刀等雕刻工具，以及手工纸、蜡纸、用于印刷设计草图的草稿纸和标准信封。制作贺卡示意图如图 4-66 所示。

图 4-66　制作贺卡示意图

活动方法：

（1）提问游戏者：什么时候人们会互赠贺卡？你有没有为一件特别的事寄过贺卡？告诉他们将做一个印模，这样可以重复制作许多卡片。强调要把自己设计的图案印在卡片上。

（2）先给游戏者几张能放到标准信封里的纸，在这些纸上演示如何绘制贺卡的图案，说明简单的图案比复杂的图案印得更清晰。让他们不断地修改图案，直到自己满意为止。接下来，让游戏者将一张蜡纸贴在画好的图案上，用黄油刀将其模刻下来，然后把蜡的那面从蜡纸上撕下来以便颜料渗出。这样，蜡纸就可以作为印模了。

（3）播放相关教学视频演示怎样裁剪手工纸，使它折一下便可放入信封中，完成贺卡的制作。游戏者可以用各式各样的手工纸制作多种模板。

（4）游戏者把蜡纸放在卡片上。让他们把印刷筒在颜料上滚动后均匀地涂到蜡纸上，把蜡纸拿起来，印模上的图案就印在卡片上了。可以进行重复练习，做到熟能生巧。

规则： 看谁的作品更精致，更能充分表达出寓意。

常规建议： 这个活动可以安排在庆贺节日或迎接新年时进行；也可以作为引入多元文化主题的交流活动。

游戏元素整合与谜题创编：

（1）可以与折纸、拼图、绘画等游戏融合。将制作贺卡的材料分散到各个游戏区域，游戏者只有破解其他谜题才能获得这些材料，然后根据获取材料的具体情况，选择贺卡的制作样式和方法。例如，在游戏过程中获取了一张硬纸板和其他一些颜料，但是缺少画笔，游戏者需要从场地中搜寻绘画用的工具（吸管、粉扑、羽毛、喷壶等），然后根据游戏中的信息提示，完成相关贺卡的制作。

（2）可以对贺卡上的画面、符号或者文字进行限制，让游戏者按照要求制作特定的贺卡。例如，在游戏区域中放置一张提示卡（或者通过语音提示），上面记录贺卡的制作方法和某些细节方面的绘制要求（例如，在贺卡上绘制水墨画，要求有山、有水、有竹林，还要绘画蓝天和白云等）。这个时候，游戏者需要通过破解谜题来获取贺卡制作的提示信息，并按要求将制作贺卡的各种材料收集齐全，然后思考如何进行贺卡的制作。如果绘画用的颜料不全，游戏者就必须利用有限的颜料进行调色；如果缺少画笔，就要制作画笔；如果对贺卡的尺寸有特殊要求，就要寻找测量和裁剪工具。

（四）艺术探究

1. 环境拼图

目的：探究如何利用自然物品模拟设计自然场景，创造性地使用材料进行构图和设计图样。

游戏准备：准备午餐袋、一个有透明盖子的浅盒（或用透明的盒子）、透明胶带、构图纸、剪刀。环境拼图示意图如图4-67所示。

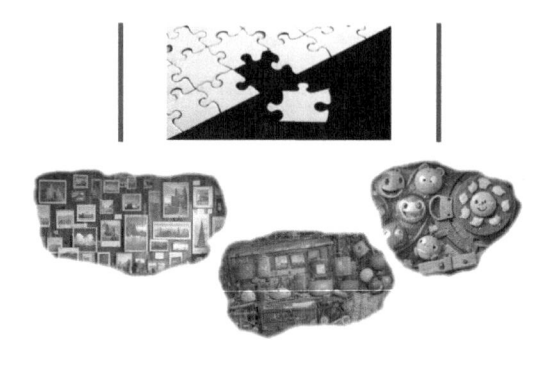

图4-67 环境拼图示意图

活动方法：

（1）在户外进行游戏，为游戏者每人准备一个袋子。在讨论季节的特征（如树叶的颜色、草的高矮和花鸟鱼虫等）时，要求游戏者收集一些自然物品（如树枝、树叶、石头、杂草等）。让他们谈谈自己看到了什么，收集到了什么。

（2）给游戏者一个盒子，让他们把收集到的代表季节特点或者特定地点（如森林、草地、山地等）的自然物品整理好后装在盒子里，再找一些可能要用的日常用品（如五谷杂粮）。可以用手工纸制作一些无法收集到的东西，如太阳、蓝天、白云、动植物等。

（3）提示游戏者自然界中物品的颜色及其形状会经常受到风、雨、阳光等的影响。在一个场景中，杂草、花朵等植物最好全部朝着某一边倾斜，像被风吹一样，这样看起来会更加自然。

（4）作品制作完毕后，让游戏者把盒子盖上，或用保鲜膜将整个盒子包起来，在背后贴上胶带，鼓励他们为自己的作品取名。

规则：不能使用人工制作的道具或玩具来进行辅助。

常规建议： 可以通过播放视频资料的形式，将世界各地的不同风景汇集到一起，让游戏者根据自己的喜好，选择需要设计的自然场景，并对这些作品进行评述。

游戏元素整合与谜题创编：

（1）可以将一张拼图的各个部分散落在游戏区域的不同地方，让游戏者收集这张拼图的组成部分，然后在指定的区域里将图片复原。接下来，游戏者根据图片中的要素，如花鸟鱼虫、山水、植物和建筑物等，寻找和收集绘画用的物品及道具。最后，要求游戏者在规定的时间内完成这张拼图，并将其悬挂在指定区域。

（2）模拟制作微型的自然环境。可以把制作物品所需的各种材料隐藏在各个游戏区域（高台上、水下、密码箱内等），让游戏者通过破解其他谜题获取相关道具，如图片及表现画中事物所需的石子、树叶、泥土、昆虫模型等。有的道具需要先从现有的物品上拆卸下来，再与其他道具的零部件进行组合；还有一些道具需要游戏者自行制作，如使用剪刀和画笔把纸张做成树叶、花朵、青草等。最后，把所有物品摆放在指定区域，完成环境的制作。

（3）改变拼图的重量和形态。例如，用木板（砖块）制作拼图的各个部分，或者使用纸箱和软箱等。可以让游戏者把拼图的碎片部分搬运到指定位置，然后通过各种方式将这些碎片进行重新排列或堆积。此外，还可以使用隐形涂料在拼图碎片上涂抹信息，游戏者只有借助紫光灯等特殊工具才能发现这些隐形记号。

（4）可以在拼图的碎片侧面涂抹一些标记，当这个拼图按照某种顺序进行排列的时候，它的侧面的标记会组合出新的图案，让游戏者根据这些图案推理其中隐藏的信息。例如，将几块拼图自下而上叠放在一起，形成一个长方体，在长方体的 4 个侧面上出现阿拉伯数字。可以按照计算器上的数字表现形式，对数字的形态进行处理；也可以改变背景颜色和明暗度；还可以引入色盲测试图等。这样可以给游戏者造成视觉干扰，考验他们的图形识别能力。

2. 吸管图画

目的： 创造性地使用中介物进行绘画，探索其所能达到的艺术效果，训练构图和表现力。

游戏准备： 准备用水稀释后的蛋彩、吸管、光滑的纸、水盆。吸管图画示意图如图 4-68 所示。

体验式综合能力拓展游戏

图 4-68　吸管图画示意图

活动方法：

（1）游戏开始时先播放相关视频，示范如何把吸管中的颜料吹到纸上形成图案。给每名游戏者一张光滑的纸、一根吸管。尝试用吸管吸取颜料，然后用手指堵住吸管的顶部，这样就可以让颜料停在吸管里面。接下来，游戏者尝试将颜料吹到纸上，自由创作抽象画。

（2）让游戏者边吹吸管边拉动纸，这样可以创造出很多不同的图案，如旋涡、喷雾等。

（3）清洗吸管后再做一次，滴入另外一种颜色的颜料到纸上，让第二种颜料与第一种颜料有重叠的地方，形成新的颜色与形状。

规则：不要用吸管直接在纸上滑动，要利用空气压力推动颜料的方式进行创作。

常规建议：让游戏者一边画画一边讨论和交流自己的新发现。谈论的主题可以是：吹出了什么形状？什么线条？对自己的作品感觉如何？有需要改进的地方吗？在纸上滴下第一种颜料后，图形有没有变化？有什么样的变化？为什么会出现这样的变化？对吹颜料构成的图形有何感想？如果做出的图形什么也不像或者从来没有见过，那么要怎样将它描述出来呢？你是否能用吸管吹出事先设计好的图画？或者是否能对照一幅画进行创作？

游戏元素整合与谜题创编：

（1）让游戏者寻找绘制图画所需的工具和颜料，并按照游戏要求，对指定图案进行上色。游戏者不能按照自己的想法随意对图片进行涂抹，必须根据游戏的提示进行，可以提供一张已经完成上色的图片，让游戏者分辨图片中不同位置的绘画方法，如哪里是硬笔勾勒的线条，哪里是软笔涂抹的颜色，哪里的图形可能需要借助一些特殊工具进行绘制等。可以把一些不太明显的画笔（如吸管、粉扑等）摆放在表面，让游戏者对这些画笔进行识别，并从中选择适合的工具进行绘画。

（2）让游戏者从众多物品中识别出可以用来绘画的工具，如注射器、水枪、喷壶等。在进行图案绘制的时候，游戏者需要根据不同物品的特点，选择适当的绘画工具。

（3）对绘画所需的颜料种类进行限制。在游戏中只提供红色、绿色、蓝色3种颜料，让游戏者通过调配颜料获得更多种颜色。可以让游戏者从各种物品中提取颜料。例如，从红色火龙果中提取红色颜料，从葡萄皮中提取紫红色颜料，还可以将巧克力融化获得棕黑色，等等。也可以将各种颜料分别隐藏在其他道具中，游戏者只有先破解其他谜题，才能获得这些绘画材料。

第八节　音乐活动领域游戏创新素材

一、音乐活动概述

音乐给我们的生活带来很多欢乐，它无处不在：无论是在汽车里、家中、广场上，还是在剧场、影院或其他特殊场合，我们都可以感受到音乐的陪伴。然而，只有为数不多的人受过正规音乐训练。本节试图扩展音乐活动的范围（类别和深度），以便让更多的人投入其中，通过倾听音乐了解乐器、乐队、音响类型和音乐风格及各个时代音乐的特点。

并非每个少年儿童都使用相同的方式去接触和享受音乐。因此，本节将为他们提供多种游戏活动，内容涵盖音乐的演奏、生动的表演和倾听的经验等。设计这些与音乐智能相关的活动，旨在为少年儿童提供更多进入音乐世界的机会，培养他们3种关键的音乐能力，即演奏能力、音乐感知能力和作曲能力。

在音乐活动中，少年儿童可以尝试探索一些音乐概念，如音高、节奏、音色、音调等，也可以从中了解和使用一些简单的打击乐器。本节的大多数音乐活动内容简单、难度适中，可以由非音乐类专业人员进行组织。为了丰富少年儿童的音乐体验，可以在其他各种游戏活动中适当播放一些符合场景或情节的音乐让他们欣赏，有助于游戏者放松紧张的心情。

音乐类游戏素材可以帮助体验式综合能力拓展游戏隐藏一些谜题任务的信

息，便于游戏过程中的故事情节与各种活动相融合。游戏者通过参与活动，不仅能够了解更多的音乐知识，还可以体会到音乐的魅力及其各种用途，能够运用音乐来分析和解决问题。

（一）音乐感知

（1）能够察觉音乐的变化（刚或柔）。
（2）能够察觉音乐的速度和节奏类型（紧促或舒缓）。
（3）能够分辨声调的高低。
（4）能够辨认出不同音乐及音乐家的风格。
（5）能够辨认出不同的乐器及其发出的声音。

（二）音乐演奏

（1）能够保持准确的音高。
（2）能够保持准确的速度和节奏。
（3）在演奏乐器时，富有较强的表现力。

二、音乐活动领域游戏的素材与创编

（一）音乐感知

1. 为乐曲命名

目的：通过曲调了解音乐的特性，尝试回忆乐曲的音乐特点，能保持准确的音高和节奏。

游戏准备：准备乐曲名单（包括学校音乐课教授的乐曲，广播电视或网络平台中播放的各种音乐）。为乐曲命名示意图如图 4-69 所示。

图 4-69　为乐曲命名示意图

活动方法：

（1）让游戏者轮流在乐曲名单上选择乐曲，第一个人把曲调哼唱出来（或者播放伴奏），不需要唱出歌词，然后其他游戏者试着说出这支乐曲的名称。

（2）唱的人先哼唱前三个小节，然后停下来，看有没有人能认出这支乐曲。如果没被认出，就再哼出第四小节、第五小节等。每次加一小节，直到这支乐曲被认出为止。

（3）一首接一首进行游戏（可以使用乐器演奏），看谁能听最少的部分就识别出乐曲。

规则： 通过游戏者回答的乐曲名称的准确度和辨认时间进行判断，看谁能听最少的部分识别最多的乐曲。

常规建议： 通过播放音乐选段让游戏者描述其特征（如什么声音、什么乐器声、一个怎样特别的乐段等），并进行讨论。当游戏者能比较容易地猜出并重现乐曲时，可以对游戏做一些改动，向他们提出问题：你能否改变乐曲的节奏（改变各小节的延长时间、小节间的间隔或加强某个小节）？你可以改变乐曲的速度吗？你能发出多高、多低的音调？什么样的变化会使乐曲难以辨认？改变哪些环节可以使乐曲听起来差不太多？

游戏元素整合与谜题创编：

（1）根据游戏者的年龄对音乐进行选择。在游戏中，将一些密码信息隐藏在音乐中，在某个特定的游戏环节播放一些音乐片段，让游戏者通过音乐的内容及其表达的含义，对相关信息进行推理和判断。例如，播放一系列乐曲选段，同时提供一些信息暗示乐曲的年代，游戏者可以根据自己对乐曲的理解，将这些乐曲制作的时代按照时间先后顺序进行排列，并从中找到一些隐藏的数字密码信息。也可以只播放一支乐曲，将创作这支乐曲的年、月、日设定为密码信息，如《义勇军进行曲》的创作日期。

（2）通过各种能够发出声音的物品对乐曲进行演奏，让游戏者在仔细倾听后，说出乐曲的名称、内容、创作背景等相关信息。可以根据游戏者的年龄，事先让他们对游戏中的乐曲及其知识进行预习，然后把这些融入谜题中，这样便于少年儿童参与该类型的游戏。

（3）让游戏者通过乐曲中的声音辨认乐器，然后在游戏区域里寻找与目标乐器有关的道具。可以根据游戏的需要，为游戏者准备一些相关乐器的制作材料，让他们手工制作乐器。

（4）可以用不同的乐器演奏一段乐曲，先让游戏者识别出其中的乐谱，再从游戏区域里寻找需要的音符道具，将其安插在某个位置（可以在高墙上制作一个五线谱的架子，让游戏者把音符道具插在上面）。例如，《两只老虎》的简谱是"1231，1231，345，345……"，我们可以用五线谱将其表现出来，然后让游戏者寻找或者利用道具制作与简谱对应的五线谱符号，并按照音乐的乐谱，将道具安插在墙壁的特定位置（准备一张木板，上面刻好五线谱，并在适当的位置打好孔）。也可以去掉其中的几个音符，然后让游戏者对乐谱进行补全。音乐插板可以放置在一些特殊的位置，如墙壁高处，游戏者需要在场地上寻找相关物品和道具（桌椅板凳、软箱、梯子等），搭建可以辅助自己登高的物体。

2. 描绘音乐

目的：通过找出表示音乐选段的图片，探索音乐的意境和动感，提升对音乐的敏感性。

游戏准备：准备计算机或者音乐播放器、音乐选段、杂志、纸或海报、胶水或胶带。描绘音乐示意图如图 4-70 所示。

图 4-70　描绘音乐示意图

活动方法：

（1）用音乐播放器播放各种音乐片段，向游戏者发出提问：当你听到这些音乐时有什么感受？是否勾起了自己对某些事物或某些人的回忆？讨论音乐怎样引起人的某种思考或情感。例如，俄国的作曲家穆索尔斯基（Mussorgsky）创作了新型的钢琴组曲，其中每个乐章代表一幅图片，后来这一作品由莫里斯·拉威尔（Maurice Ravel）改编为交响乐。可以播放这一乐曲或其中的几个选段，让游戏者说说不同的乐章与其代表的图片之间的相似感；或者播放黄河大合唱选段，让游戏者感受当时的紧张气氛，并相互交流脑海中浮现的画面。

（2）播放其他类型的乐曲，让游戏者通过书、杂志或者手机（计算机）找出与所听到的音乐匹配的图片。游戏者可能会将静态的自然风景与舒缓的音乐相匹配，将忙碌的现代城市与快节奏、复杂的音乐相匹配，将飞禽类图片与用长（短）笛演奏的音乐相匹配。可以再播放一些代表某些风格和情感的音乐选段，让游戏者找出与之相匹配的图片并解释他们这样搭配的原因，说出自己的选择受到了音乐中哪些部分的影响。

规则： 可以自由匹配音乐和图片，并做出解释，但图片与音乐相差较远的被视为失败。

常规建议： 可以把与音乐相联系的各种图片收集起来，将从杂志、海报中剪下的图片，或者从互联网上下载的图片，组成一幅与音乐相配的海报或图书。

游戏元素整合与谜题创编：

（1）通过音乐来隐藏各种游戏谜题的相关信息，如密码信息、故事情节等。游戏者需要根据音乐提示，寻找与其相对应的图片或艺术品，然后将收集到的物品按顺序排列起来，并从排列好的道具中发现隐藏的信息（每张图片中都有数字信息，这些信息可以用隐形记号笔进行标注）。

（2）让游戏者为一些绘画作品匹配适当的音乐，然后分析音乐中潜在的信息，如作者、乐章、某一段的音符、节拍、作品的创作背景等。

（3）通过为音乐匹配图片，游戏者能够根据一系列的图片对游戏过程中涉及的故事情节进行推理，并按照情节推动游戏的进程。可以提供一些暗示各种天气变化或动植物特征的音乐。

（二）音乐演奏

1. 自然的声音与乐器的声音

目的： 辨认不同的声音，探寻周围环境中的音乐。

游戏准备： 准备鼓槌、节奏槌、水、碗、铃。自然的声音与乐器的声音示意图如图 4-71 所示。

体验式综合能力拓展游戏

图 4-71　自然的声音与乐器的声音示意图

活动方法：

（1）游戏在户外进行（营地教育、拓展活动等），让游戏者用耳朵倾听各种声音，了解声音由振动产生。让游戏者通过触摸正在响的铃铛来感受振动。把铃铛的下缘放入一盆水中，让游戏者观察那些因铃铛的振动而产生的水纹，进一步理解铃铛发出声音的原理。

（2）给每名游戏者一把鼓槌、节奏槌，告诉他们在外出时，要用槌轻轻敲击他们看到的物品，倾听发出的声音，但是不能敲击有生命的动物和易碎的物品。可以让游戏者敲击篱笆、垃圾桶、招牌及标记物、树木，让他们说出自己的发现。可以提出一些问题：哪些物品发出的声音比较好听？哪些物品发出的声音刺耳？哪些物品发出的声音响亮？哪些物品发出的声音沉闷？注意那些能持续较长时间的声音来自哪里。

（3）把能够发出高、低、强、弱等声音的物品进行分组，用这些类似乐器的物品组成乐队进行演奏或录音。如果找到的"乐器"很多，则可以让游戏者组建一支小乐队进行演奏。

（4）进行小组讨论，让游戏者闭上眼睛，辨认他们在外出时听到的声音，并用恰当的词语描述听到的各种声音。

规则：在游戏过程中，不要暴力击打物品。看看哪一组找到的天然"乐器"最多。

常规建议：外出时携带录音设备（录像设备），以便把听到的声音录下来（如风声、鸟鸣声、虫叫声、机械转动声、铃声、哨声、汽笛声等），这些都是日常生活中的音乐。最后看游戏者能分辨出多少种声音。

游戏元素整合与谜题创编：

（1）在游戏区域里设置能够发出各种声音的器具，如杯子、瓶子、工具、锅碗瓢盆等。让游戏者根据提示，寻找目标道具，并对找到的"乐器"进行分类。可以在这些道具上面标识密码信息，让游戏者进行识别；也可以让游戏者按照某种方式和标准，对道具进行排列，如物品的体积与重量、发出声音的高低等。

（2）在游戏中播放一些音乐，可以是大自然中的声音，也可以是不同乐器发出的声音。让游戏者对这些声音进行辨别，从中获取谜题信息。

（3）可以在游戏区域里放置一些能够发出1、2、3、4、5、6、7音符的道具和物品，如7个特制的瓶子，让游戏者把所有瓶子收集起来，然后按照乐谱进行演奏；也可以将这些瓶子固定在不同的位置，让游戏者间隔一定的距离，合作演奏乐曲。当游戏者成功完成音乐演奏后，音乐设备会自动触发相应的机关道具。

（4）播放各种小动物发出的声音，游戏者根据声音提示，通过身体动作尝试模仿小动物的行为举动。可以让游戏者寻找能够发出声响的物品，通过组装和改造，制作出各种发音设备。例如，通过细线、扣子、橡皮带和塑料瓶盖等生活用品，制作出一个简易的蟋蟀发声器。在游戏过程中，可以将这些用来制作发声器的道具隐藏起来，游戏者需要根据相关提示信息，在破解谜题后获取相应的道具。

2. 自制乐器

目的： 自制乐器、演奏音乐，增强表现力，尝试进行音乐编奏。

游戏准备： 准备塑料梳子、蜡纸、餐巾纸和其他类型的纸。自制乐器示意图如图4-72所示。

图4-72 自制乐器示意图

活动方法： 给每名游戏者分配一把梳子和一张与梳子大小差不多的蜡纸，让他们把蜡纸折叠覆盖在梳子上。接下来，让游戏者握住梳子的一边，用嘴吹曲子，蜡纸会振动，并发出响声。可以让游戏者组成笛子队，演奏一些熟悉的歌曲，如《红星闪闪》《两只老虎》等。鼓励游戏者把薄纸及其他类型的纸放在梳子上吹，让他们比较不同的纸所产生的声音有何异同。

规则： 演奏一首完整的乐曲，不要中断。

常规建议： 让游戏者尝试制作各种"乐器"。剪下硬纸盒的顶盖，用不同尺寸的橡皮筋缠在盒上做成一个橡皮竖琴。把盖子放回，然后在上面挖一个洞做成一个音板，或在橡皮筋下放一根铅笔做成琴桥。可以尝试使用笔帽做排箫：寻找不同大小的笔帽，让游戏者先吹一下，根据其发出声音的音高，由高到低进行排列，再将笔帽用胶带粘在冰棍棒上，笔帽排箫就完成了（通常较大的笔帽发出的声音较清晰）。还可以将1升装的可乐瓶从中间切开，让游戏者在下半个瓶的切面上蒙一张蜡纸，并用橡皮筋固定，做成一个简易的鼓。

游戏元素整合与谜题创编：

（1）将各种能发出声响的道具放置在游戏场地内，让游戏者在场地上寻找乐谱，然后通过各种"乐器"（杯子、金属器皿等）演奏游戏指定的乐曲。当乐曲演奏完毕后（在演奏过程中不能出现错误），与其相连的电子设备会自动解锁（密码箱、门禁、电源等）。

（2）让游戏者从众多游戏道具中识别出能够发出声音的物品，并根据游戏的提示信息，对收集的物品进行改造，然后通过自制乐器演奏游戏要求的乐曲。例如，将气球剪成适当大小，套在罐子上，然后用橡皮筋进行固定，可以制作简易鼓类乐器；使用空药瓶、吸管等材料可以制作陶笛，通过在瓶盖上或瓶底切割小孔，吹气时会产生不同的音阶。当游戏者顺利完成乐曲的演奏之后，可以给予他们各种形式的奖励作为游戏反馈，如道具解锁、解题信息、后续故事情节等。

参 考 文 献

[1] 陈杰琦，艾斯贝格，克瑞克维斯基. 多元智能理论与儿童的学习活动[M]. 何敏，李季湄，译. 北京：北京师范大学出版社，2015.

[2] 陈杰琦，克瑞克维斯基，维恩斯. 多元智能的理论与实践：让每个儿童在自己强项的基础上发展[M]. 方钧君，译. 北京：北京师范大学出版社，2015.

[3] 加德纳. 多元智能新视野[M]. 沈致隆，译. 杭州：浙江教育出版社，2021.

[4] 加德纳. 从多元智能到综合思维[M]. 沈致隆，译. 杭州：浙江教育出版社，2022.

[5] 麦戈尼格尔. 游戏改变世界（经典版）[M]. 闾佳，译. 北京：北京联合出版公司，2016.

[6] 刘治富. 多元智能理论的本土化应用[M]. 南京：江苏凤凰教育出版社，2014.

[7] 克瑞克维斯基. 多元智能理论与学前儿童能力评价[M]. 李季湄，方钧君，译. 北京：北京师范大学出版社，2015.

[8] 刘丽雅. 基于多元智能理论培养学生语文学科核心素养的策略探究[J]. 名师在线，2023（32）：64-66.

[9] 童甜甜，汪晓赞，尹志华. 核心素养视域下幼儿园运动游戏课程开发的现实诉求与路径[J]. 体育学刊，2018，25（5）：114-118.

[10] 王雪芹，陈士强，丁焕香，等. 体育活动模块对3~6岁幼儿身体素质的影响[J]. 中国学校卫生，2019，40（7）：1036-1042.

[11] 孙卫华. 体育教学实用游戏汇编[M]. 北京：北京体育大学出版社，2014.

[12] 姚维国. 体育游戏[M]. 北京：人民体育出版社，2012.

[13] 于振峰，赵宗跃，孟刚. 体育游戏[M]. 3版. 北京：高等教育出版社，2016.

[14] EGA密室逃脱产业联盟. 从零开始设计密室逃脱[M]. 北京：机械工业出版社，2021.

[15] RAHBARNIA F, HAMEDIAN S, RADMEHR F. A study on the relationship between multiple intelligences and mathematical problem solving based on revised Bloom taxonomy[J]. Journal of interdisciplinary mathematics, 2014, 17(2): 109-134.